3ᵉ ÉDITION

PHILIPPE DESCHAMPS

A TRAVERS LES ÉTATS-UNIS

ET LE

CANADA

RÉCITS DE VOYAGE

PARIS
ERNEST LEROUX, ÉDITEUR
28, RUE BONAPARTE, 28

1896

A TRAVERS

LES

ÉTATS-UNIS ET LE CANADA

ANGERS, IMPRIMERIE A. BURDIN ET Cie, RUE GARNIER.

PHILIPPE DESCHAMPS

A TRAVERS

LES

ÉTATS-UNIS

ET LE

CANADA

RÉCITS DE VOYAGE

PARIS
ERNEST LEROUX, ÉDITEUR
28, RUE BONAPARTE, 28

1896

A TRAVERS
LES
ÉTATS-UNIS ET LE CANADA

La Traversée

Voir l'Amérique, ce nouveau monde, pays des Yankees et du dieu des dollars, tel est le rêve de beaucoup de Français dont la plupart croient trouver là-bas les mines d'or au simple toucher de la baguette magique.

Illusion maintenant évanouie !

Le 3 mai 1893, j'étais au Havre, je pris mon passage à bord de *La Champagne*, bateau de la Compagnie transatlantique qui fait la traversée de New-York.

J'avais déjà fait bien des traversées, mais aucune ne m'avait impressionné comme celle que j'allais entreprendre, car ce n'est pas sans une appréhension justifiée que l'on monte sur cet immense bateau dans lequel on va vivre pendant huit jours pour accomplir un trajet de 1.200 lieues environ, soit 3.140 milles (le mille marin ayant 1.852 mètres); distance qui sépare le Havre de New-York; on quitte les siens pour l'inconnu ! La mer sera-t-elle clémente ? telle est la pensée de chacun.

Pendant les trois dernières heures qui précèdent le départ fixé à midi, c'est un tohu-bohu énorme de tous côtés; marchandises que l'on embarque, provisions arrivant de toutes parts, voyageurs cherchant les numéros des cabines qui leur sont assignées, le treuil avec ses chaînes pesantes descend le frêt dans la cale, tout cela constitue un tapage infernal qui nous ahurit.

Je crois utile de donner quelques détails sur ce que l'on embarque dans un bâtiment de cette importance, pour servir pendant huit jours à faire vivre les passagers.

D'abord la machine de *La Champagne* est d'une force de 7.000 chevaux-vapeur (un bateau américain a une machine de 12.000 chevaux). Le bateau sur lequel nous sommes embarqués consomme par vingt-quatre heures 160 tonnes de charbon; au départ il en est embarqué 15.000 tonnes, puis 30 tonnes de glace, 15.000 bouteilles de vin, 150 barils de farine, ainsi que du bétail vivant. Dans les premières classes, on peut loger 500 passagers, 100 dans les deuxièmes et 1.200 dans les troisièmes. L'équipage se compose de deux cent-vingt-neuf personnes, et enfin, le voyage aller et retour coûte à la Compagnie transatlantique 250.000 francs.

Midi ! Le sifflet de la machine retentit : c'est l'avertissement. Le capitaine Laurent, commandant du bateau, donne les derniers ordres à l'équipage. Un garçon de salle fait le tour du bateau avec une sonnette pour avertir les personnes qui sont venues accompagner parents et amis, qu'il faut dire le dernier adieu, et descendre à terre.

C'est le moment psychologique, et l'on assiste à des scènes d'adieux pathétiques, surtout dans les troisièmes classes, ou beaucoup de ces malheureux qui y sont empilés, ne reviendront peut-être plus revoir les leurs, et doivent faire un éternel adieu à la mère-patrie !

Soi-même, on se sent pris d'attendrissement en pensant aux siens que l'on a quittés la veille.

Notre guide, de l'agence avec laquelle nous avons traité à forfait pour ce voyage, se rend compte que les douze touristes qui composent la caravane, sont présents, et nous abandonne à notre sort.

Le dernier coup de sifflet est donné, l'ancre est levée, et, par un ciel radieux, *La Champagne* s'ébranle majestueusement sur les flots pour sortir du port, en emportant ses six cents passagers, à ce moment, les assistants, en foule sur les quais, agitent leurs mouchoirs et les passagers répondent. Ce stratagème amical ne cesse que lorsque le bateau est sorti du port pour gagner la pleine mer.

La ville du Havre disparaît à nos yeux. A gauche, nous apercevons le fort Pezard, les Casquets, les phares de Gatteville et celui du Loup (anglais), et plus tard les côtes d'Irlande, où l'on commence à sentir le mouvement des flots qui s'accentue.

Chacun de nous s'est organisé dans sa cabine, et a fait connaissance avec son compagnon ou compagne de voyage, car dans notre caravane, nous avons la bonne fortune d'avoir trois dames, entre autres, une parisienne fort aimable, femme du meilleur du monde, Mme B., la seule qui, pendant la traversée, a fait preuve de courage en refusant de payer son tribut à Neptune. Parmi les hommes composant la caravane, se trouvent des négociants, des jeunes gens, et deux types assez originaux, l'un du nord, l'autre du midi, un vrai Tartarin, qui ont su, pendant nos pérénigrations à travers le Nouveau monde, nous égayer par leur excentricité.

Le choix de la route a une grande importance pour diminuer les aléas de la traversée, surtout dans le voisinage de Terre-Neuve. Cette route est variable principalement dans la saison des banquises de glace. Les gardiens des phares de Terre-Neuve et des steamers, ont soin de signaler celles aperçues par eux. Ces banquises venant du pôle nord et du Groënland s'avancent vers le sud à une moyenne de 7 à 8 milles par jour. Les navires ont trois lignes à choisir : 1° au sud du banc de Terre-Neuve ; 2° sur le banc lui-même ; 3° entre le Cap Race, extrémité sud de l'île de Terre-Neuve, et les « Virger rocks ». La première est la plus longue ; la seconde expose à couler les nombreux bateaux terre-neuviens occupés à la pêche de la morue, et la troisième, la plus courte, exige une grande expérience, et surtout une prudente habileté du commandant, tellement les courants y sont variables.

Six heures : le dîner sonne. Les quatre-vingt-deux passagers des premières sont tous présents : chacun lie connaissance avec ses voisins de table ; au dessert les conversations s'animent, et la gaieté commence à régner. Après le dîner, promenade sur le pont pour admirer à l'horizon le coucher du soleil, et l'on hume le bon air à pleins poumons, la plus merveilleuse cure que l'on puisse imaginer.

Le lendemain matin, tout le monde se retrouve sur le pont, la mer est toujours calme, nous traversons le Gulf Stream, courant d'eau chaude qui vient du Mexique et se perd sur les côtes de France tout en les réchauffant, en traversant l'océan sur une largeur de 1000 kilomètres et une profondeur de 200 mètres.

Midi ! Le capitaine relève le point, et chacun remet sa montre à la nouvelle heure donnée qui devient variable tous les jours jusqu'à New-York ; la marche du bateau est à peu près régulière ; elle varie entre 390 et 406 milles par vingt-quatre heures, tandis que la Touraine, grâce aux deux hélices dont elle est dotée, fait jusqu'à 490 milles. Le mercredi, nous rencontrons la Gascogne qui retourne au Havre.

Le jeudi, c'est une saramande de marsouins, de dauphins suivant le bateau, et qui avec des ondulations toutes gracieuses, sautent de l'eau, et rebondissent sur les vagues. Dans ces endroits, l'Océan Atlantique a jusqu'à 5.600 mètres de profondeur.

Nous approchons des bancs de Terre-Neuve. Un brouillard intense qui dure quarante huit heures oblige le capitaine, fidèle et dévoué à son poste, à passer deux nuits sur le pont, étant donnée que la navigation dans ces parages est d'autant plus dangereuse que la mer est sillonnée de bateaux qui font la pêche à la morue. Ce furent les marins de Saint-Malo qui, les premiers, allèrent pêcher la morue à Terre-Neuve. Ils en eurent le monopole jusqu'au traité d'Utrecht, dont une des clauses donna Terre-Neuve à l'Angleterre, en laissant toutefois à la France le droit de pêche sur les côtes.

La quantité de morue qui s'y pêche par année est prodigieuse.

Nuit et jour, la sirène fait entendre ses sons stridents qui vont au loin se répercuter en avertissant les pêcheurs du passage du navire.

Les sons de la sirène sont, surtout la nuit, d'un effet saisissant. Je suppose que la voix des nymphes traîtresses qui charmaient les compagnons d'Ulysse étaient plus douces et plus mélodieuses.

Le bateau est parfois obligé de ralentir sa marche, à cause de l'intensité du brouillard. La mer, si calme depuis notre départ, devient furieuse; la pluie, la tempête, rien ne manque, et en présence des mouvements saccadés du bateau qui de tribord à babord, saute et rebondit, soulevé par les flots en fureur, plusieurs d'entre nous regrettent ce voyage entrepris. Notre méridional Tartarin croit sa dernière heure arrivée : « J'y suis, j'y reste, dit-il, mais forcément; ah! si je pouvais reprendre le train pour Avignon! », et notre Picard regrette sa femme et surtout ses betteraves.

Aussi, le soir à table, les absents étaient en majorité. Que de places vides! avec Mme B..., j'étais parmi les vaillants, et les invulnérables.

Pendant deux jours et deux nuits, la mer resta furieuse, et il était impossible de rester sur le pont. Les sobres matelots eux-mêmes avaient peine à conserver leur équilibre. Cette journée fut marquée par un douloureux évènement : une petite fille de quatre ans était morte à bord dans les troisièmes, et le lendemain matin, après l'avoir cousue dans un sac auquel une pierre fut attachée, on la porta à l'arrière du bateau, et là, devant le commandant, les parents éplorés, un prêtre et deux frères qui se trouvèrent à bord, récitant les prières des morts, on laissa glisser le petit corps sur une planche, et l'enfant disparut, englouti par les flots pour devenir la proie des poissons! Quelle angoisse pour ces malheureux parents, déjà déshérités par la nature, de ne pas même avoir pour dernière consolation la satisfaction de voir leur enfant reposer dans un coin de terre française! Ce spectacle était navrant. Nous fîmes parmi nous une quête pour ces malheureux affligés, dignes d'intérêt, qui s'expatriaient avec leurs trois enfants, pour aller demander à cette terre lointaine la vie matérielle qui devrait être due à tout être humain. Chaque paquebot possède à bord un cercueil, un passager qui pourrait avoir l'idée de mourir en cours de route doit au préalable au départ verser au commissaire 500 francs ; dans ces conditions le corps serait conservé.

Le samedi soir, un des pilotes nous abordait, c'est une lutte entre eux pour celui qui arrivera le premier afin de toucher la prime d'entrée du port qui est de 250 francs.

Le dimanche matin, à 4 heures, nous arrivions en vue de New-York, après avoir traversé la mare, comme disent les Américains ; à 6 heures, le bateau stop, les signaux sont hissés pour demander la santé et la douane ; mais comme c'est dimanche, il faut attendre le bon vouloir de ces messieurs, qui arrivent tout tranquillement à 7 heures.

Les formalités de douane à remplir à bord sont compliquées. Chaque passager doit signer une feuille déclarant ce qu'il possède, et jurer qu'elle est sincère ; en échange on vous remet un carton numéroté qu'à la descente vous présentez à un douanier chargé de vérifier les colis. Celui qui ferait une fausse déclaration peut être puni d'une amende qui ne doit pas dépasser 5.000 dollars et deux ans de prison, et de plus ses colis seraient confisqués.

Très pratiques, ces américains. C'est pour rien ! qu'ils vous offrent l'hospitalité.

Au débarquement, les émigrants sont conduits à Ellis (Island), petite île dans la baie, et là, ils subissent un véritable interrogatoire. L'entrée de l'Amérique n'est plus, comme on pourrait le croire, aussi facile, car un de nos passagers qui a une jambe de bois, se voit refuser impitoyablement le débarquement ; ils ne veulent plus laisser débarquer sur le sol américain les hommes invalides. De même pour les femmes chinoises, dont l'entrée est formellement interdite.

Combien de pauvres malheureux qui partent pour l'Amérique, en croyant trouver là-bas à se caser facilement. Funeste erreur ! car beaucoup sont obligés de revenir dans leur mère-patrie.

Le nombre des immigrants est devenu tellement considérable que les États-Unis prennent maintenant certaines mesures. Ainsi en 1891, il est débarqué à New-York 430.884 émigrants dont 4.189 Français et de 1881 à 1891, 54.653 ; de 1871 à 1880, 72.206, et de 1821 à 1871, 370.535, c'est-à-dire que depuis 1821 à 1891, soit pendant soixante-dix ans, il est débarqué à New-York, 501.583 Français, et pendant la même période les autres nations de l'Europe en ont fourni 13.752.925.

Huit heures. Tout est terminé. Les formalités de douane et de la santé étant remplies, *La Champagne*, dirigée par le pilote, se remet en route pour rentrer dans la baie de New-York. A ce moment, tous les passagers remontent sur le pont, afin de pouvoir jouir tout à leur aise du tableau grandiose qui s'offre à leurt vue. Devant nous, dans l'île Bedlœ d'Island, la statue de Bartholdi, la *Liberté éclairant le monde*, que nous avons tous vu au Champ de Mars en 1878, et qui a été offerte par la France à l'Amérique. Malgré ses dimensions colossales, cette statue, étant donnée l'immensité de la baie de New-York, paraît minuscule; elle a cependant de grandes proportions, puisque sa hauteur, de la base à la torche, est de 51 mètres de hauteur; le piédestal, qui a 27 mètres de hauteur, a coûté 250.000 francs. Dans la tête de la statue, quarante personnes peuvent tenir à l'aise; elle fut inaugurée le 28 octobre 1886.

A gauche, c'est New-Jersey, à droite se détache le colossal pont de Brooklyne construit sur l'Hudson; c'est un beau et important travail métallurgique qui a coûté 75.000.000. C'est le plus grand pont suspendu qui existe au monde.

Nous avançons toujours au milieu de ce mouvement considérable de bateaux, de navires, de steamers et de ferry-boats, la plus grande animation règne dans ce port grandiose et pittoresque; de tous côtés des îles; sur les côtes des propriétés de plaisance entourées de jardins luxuriants; au fond, Harlem, le tout fait un ensemble magnifique qui nous fascine; aussi nos deux types, le Tartarin et le Picard, oublient les ennuis du voyage, à la pensée qu'ils vont, dans quelques instants, sentir, sous leurs pieds, le plancher des vaches.

Nous abordons à côté des entrepôts de blé. Dans ces vastes magasins où sont construits des élévateurs, vingt-quatre wagons, remplis de blé, peuvent entrer et au moyen de puissantes chaînes à godets, le blé pris directement dans les wagons ou dans les bateaux est transporté aux étages supérieurs, afin d'empêcher la fermentation ; automatiquement il se trouve vanné et emmagasiné dans vingt-quatre immenses réservoirs ; à chacun de ces réservoirs est adapté un tuyau qui pend à l'extérieur et communique avec le bateau en chargement ; en quelques heures ce bateau se trouve rempli et aussitôt fait voile pour la France ou l'Angleterre. La plus grande partie de ces blés provient des récoltes de l'Ohio et du Tennessée.

Que nos ports du Havre, de Marseille et de Bordeaux paraissent mesquins à côté du port incomparable de New-York !

New-York ! Tout le monde descend ! crie le Tartarin avec un accent méridional ; en effet, chacun de nous retire ses bagages, le guide de notre agence nous attend et nous fait aussitôt monter dans un carrosse antique aux roues cuivrées, à la caisse dorée, aux banquettes en cuir rouge écarlate, avec deux grosses lanternes toutes scintillantes ; on se croirait dans un carrosse de Trianon, et fouette cocher ! au Central Hôtel dans Broadway ; après avoir traversé les docks, les quartiers français et juifs, nous arrivons à l'hôtel, par une température tropicale de 35 degrés.

New-York

La grande ville des États-Unis, ce vaste territoire qui, depuis que Christophe Colomb y aborda en 1492, a fait tant de progrès, a aujourd'hui, pour les États-Unis réunis, plus de 70.000 000 d'habitants, c'est à dire presque deux fois la population de la France. L'accroissement des États-Unis, depuis un siècle, est sans égal dans l'histoire des peuples, puisque au premier recensement qui eut lieu en 1790, le nombre des habitants n'était que de 3.929.214 ; en 1810, 7.239.881 ; en 1830, 12.866.020 ; en 1850, de 23.191.876 ; en 1880, de 51.550.783 ; et quel immense territoire à exploiter! 9.212.273 kilomètres carrés, et 4.625 kilomètres de long, de l'est à l'ouest. Les États-Unis, qui dans le principe, n'avaient que treize États, en ont aujourd'hui quarante-quatre, c'est-à-dire autant d'étoiles que vous voyez dans le carré du drapeau américain. Chaque fois qu'un nouvel État était créé on ajoutait une étoile au drapeau.

C'est surtout dans les liquides que nous faisons une exportation importante avec l'Amérique du nord. En 1891, la France a expédié en vins de Bordeaux et de Bourgogne, en bouteilles, la quantité représentant

3.480.954 litres et 400.352 caisses de vins de champagne.

New-York est une presqu'île reliée à la terre par la pointe d'Harlem ; aujourd'hui dans Broadway, le terrain s'y vend jusqu'à 12.000 francs le mètre ; de là la nécessité absolue de construire des maisons de douze, quatorze, seize, et même vingt étages, puisqu'il n'y a pas comme à Paris des ordonnances de police qui défendent ces hautes constructions. En 1624, cette grande cité d'aujourd'hui était bien peu de chose ; à l'extrémité de l'île Manhattan, s'élevaient quatre maisonnettes et un petit fortin ; elle se nommait alors New-Amsterdam ; les Indiens vendaient à un Westphalien pour 250 dollars l'île de Manhattan. C'est en 1618 que les Hollandais vinrent coloniser cette ville qui, aujourd'hui, dispute à Paris le deuxième rang parmi les grandes agglomérations urbaines du monde. La population de New-York avec Brookline atteint aujourd'hui près de trois millions d'habitants.

C'est après la conquête qu'elle changea son nom contre celui de New-York ; elle comptait alors deux mille habitants. Merveilleusement situé au confluent des rivières de l'Hudson et de l'Est, le port de New-York qui a plus de 4 kilomètres de long présente une animation dont on ne peut se faire une idée ; son entrée est parsemée d'îles nombreuses ; il fait à lui seul plus de la moitié du commerce des États-Unis, dont il paraît être le distributeur général, grâce à l'incomparable voie commerciale qu'il commande par l'Hudson, le canal de Lérié et ses grands fleuves, à Washington le Potomak, à Philadelphie le Delaware, à Richemond le James, à Cincinnati et Louisville l'Ohio, et à Saint-Louis le Mississipi et le Missouri.

Le peuple américain, audacieux et énergique, a des ressorts puissants. Rien ne lui paraît impossible, il a le don de l'initiative ; en 1848, un allemand condamné à mort dans son pays, vint se réfugier à New-York, s'y fit naturaliser et devint ministre ; un Irlandais catholique est devenu maire de New-York. Ces exemples démontrent bien la puissance d'absorption et d'assimilation politiques de la race anglo-saxonne. On sait que les Normands découvrirent l'Amérique cinq siècles avant Christophe Colomb. Des sagaces islandaises disent que Lif Ericson, fils du chef Enc le Rouge, fut chassé de Norvège à la suite d'un meurtre, qu'il s'enfuit en Islande, que de là il navigua jusqu'au Groënland, et finit vers l'an 1.000 par toucher la côte américaine ; des établissements normands furent créés en assez grand nombre dans le pays qui s'appelait alors le Vinland et qu'on nomme aujourd'hui Massachussets ; on retrouve parfois des vestiges de ces établissements et Horsford mit à découvert, il y a quelques années, les fondations d'une tour de pierre élevée par Lif Ericson à la place où il débarqua. Sa plus jeune fille, qui continue les fouilles, a récemment découvert de grandes tables de pierre couvertes de caractères creusés au ciseau.

Au mois de mai 1753, George Washington se trouvant à la tête d'une colonne de Virginiens, surprit une poignée de Français dans les forêts de l'Ohio appartenant à leur nation ; sans déclaration de guerre, il les attaqua et fit prisonniers la plupart des soldats après avoir tué leur commandant. Une colonne française commandée par le beau-frère de la victime, le commandant de Villiers, sortit du fort Duquesne et punit cette agression en s'emparant de ceux qui l'avaient commise; fidèle aux instructions qu'il avait reçues du gouvernement français, le commandant de Villiers épargna son prisonnier et le relâcha après en avoir obtenu l'aveu écrit de sa faute, et l'engagement que pendant un an il ne servirait pas contre la France. Cet incident lointain fut exploité par les ennemis de la France et donna naissance à la guerre de Sept ans; nous y perdîmes le Canada, mais Washington épargné par le commandant français fit perdre les colonies d'Amérique à l'Angleterre.

Les deux cables sous-marins qui relient New-York au Havre appartiennent l'un à MM. Benett et Mackay, et l'autre au journal le Hérald de New-York.

Il faut une semaine pour visiter New-York. Le dimanche, jour de notre arrivée, la ville paraît déserte, tous les magasins sont fermés; sur les balcons on n'aperçoit que des gens se balançant dans leurs drocking-cars. C'est vers les îles de Plaisance que nous nous dirigeons. Nous montons sur un de ces nombreux bateaux à deux étages qui transportent les promeneurs pour aller passer l'après midi à Coney-Island, plage très agréable, animée par les marchands forains qui s'y tiennent en permanence, le colossal éléphant en est une des attractions.

C'est à Coney-Island qu'il y a huit ans, on a déplacé l'hôtel Brighton-Bah qui, par suite des empiètements de la mer, menaçait d'être envahi. Une catastrophe était imminente. Le propriétaire, en présence de ce danger, consulta des ingénieurs et architectes sur ce qu'il y avait à faire.

— C'est bien simple, lui répondirent-ils ; votre hôtel, rongé par la mer, menace de s'écrouler, nous allons vous le transporter plus loin, hors de la portée des vagues. Ce qui fut dit fut fait.

La construction, qui avait 142 mètres de long sur 15 mètres de large, représentant comme poids 5.000 tonnes, fut reculée à 170 mètres au moyen de rails établis et de sept locomotives employées comme force pour le transport de l'édifice,

Ce travail d'Hercule, qui a l'air d'un conte de fée, a été accompli en présence d'une foule de spectateurs accourus en trains de plaisir organisés tout exprès de tous les coins de l'Amérique du Nord. Le plus curieux, c'est que ces transports de maisons qui apparaissent comme des œuvres paradoxales et fabuleuses, sont aux États-Unis une véritable industrie. Il s'est même fondé, dans ce but spécial, de puissantes sociétés qui ont su conquérir une grande réputation pour l'audacieuse habileté qu'elles déploient dans ce genre de travaux extraordinaires. Elles font aussi la surélévation des maisons, en les enlevant d'une seule pièce pour reconstruire dessous un étage. J'ai vu par moi-même faire ces deux opérations à Chicago, et plus loin, chers lecteurs, je vous en reparlerai.

Pour rentrer le soir à New-York, c'est un flot humain produit par le nombre considérable de voyageurs qui se dirigent vers les bateaux.

Le lendemain, nous commençons nos excursions à travers la ville; nous sommes tout d'abord frappés du contraste qui existe entre les différents quartiers, toutes les rues sont tracées parallèlement, les maisons, d'une rue à l'autre, s'appellent un bloc.

Le matin, les voitures déposent devant chaque immeuble la glace nécessaire à la consommation, car l'eau glacée, c'est la boisson nationale.

La partie ancienne de la ville nommée la batterie, où s'élèvent d'énormes constructions modernes de dix, douze et quinze étages, n'est qu'un labyrinthe obscur que fuient, quand vient la nuit, les négociants et capitalistes qui y ont leurs comptoirs, ces brasseurs d'affaires ne règlent toutes leurs opérations commerciales, de bourse et de compensation, que par des chèques; le chèque a remplacé l'argent et y joue un rôle prépondérant. C'est ainsi qu'en 1892, les opérations réglées par chèque ont atteint le chiffre fabuleux de 35.000.000.000 de francs! Joli denier.

La grande rue du New-York commerçant se dirige vers l'axe de l'île Manhattan, la Fith-Avenue lui fait suite sur une longueur de 20 kilomètres; les Mackay,

Vanderbith, Jay-Gould et les négociants riches l'ont choisie pour y bâtir de somptueux palais de marbre, de granit, de grès rouge, ornés de statues, fleuris d'orchidées et drapées de lierre japonais. C'est dans cette splendide avenue que se trouve la cathédrale catholique qui a coûté 35.000.000, le Nouvel Hôtel français tenu par Logeros, l'hôtel Waldor, l'un des plus beaux de l'Amérique, et le restaurant à la mode Delmonico.

Il faut visiter ces superbes hôtels pour pouvoir se rendre compte du confort qu'ils offrent aux voyageurs; rien de comparable n'existe, même à Paris. Nous arrivons au Central-Park; c'est là qu'il faut aller pour y voir à 5 heures se promener dans leurs voitures ces belles filles d'Amérique pleines de sève, rayonnantes de jeunesse, sveltes et élégantes, aux grands yeux veloutés, et l'air provocant. Nous en avons vu de superbes, même allant à pied; mais avec certaines, il faut être circonspect.

Le Flirth

Le flirth en Amérique, comme en Angleterre, fait partie des mœurs. Un grand nombre de ces jeunes filles ne recevant pas de dot de leurs parents doivent se produire elles-mêmes.

La flirtation leur donne l'avantage de se ménager tous les bénéfices de la passion sans en subir les sacrifices, ni en accepter les charges ; la pratique de cet art exige, chez celles qui le pratiquent, certaines études et certaines qualités, car il faut un grand empire sur soi-même en toute circonstance et une grande présence d'esprit. La tête doit être maîtresse du cœur; c'est de la diplomatie avec un profond mépris des convenances.

Pour la jeune fille américaine, le flirth est le plus raffiné des plaisirs. Pour la jeune fille française il serait considéré comme le plus dangereux. Si la flirtation est pour les unes une essence féminine d'un parfum délicieux, pour nos jeunes filles françaises si bien élevées, ce serait un poison fatal ; d'ailleurs vérité en-deçà, erreur au-delà : à chaque pays ses mœurs, et à chacun le soin de se garder à sa façon.

La jeune fille américaine, qui paraît déjà tout connaître de la vie... ne possède pas la grâce timide de la Française. Lorsqu'elle a dix-huit ans, elle rentre dans le monde, son cœur ne domine pas sa raison, elle est coquette, elle est don Juan dans les questions d'amour; elle sort librement avec le jeune homme qu'elle préfère, a la clé de la maison, et rentre quand bon lui semble.

Pour elle, la flirtation, c'est l'art d'abandonner les bénéfices de l'intérêt, sans en avoir donné le capital.

Il faut cependant reconnaître que les conséquences de tels principes font souvent trébucher bien des vertus.

Ce qui frappe surtout, c'est l'impossibilité de distinguer les jeunes filles des jeunes femmes, car elles ont les mêmes bijoux, les mêmes toilettes, la même liberté du rire et de la parole, les mêmes lectures, les mêmes gestes et la même beauté déjà toute épanouie, et grâce à l'invention du « Chaperon » qui leur permet de se rendre seules, sur l'invitation de n'importe quel homme de leur connaissance.

La jeune fille choisit elle-même ce « Chaperon », et plus il est jeune, plus il est apprécié. Cette habitude de se gouverner sans contrôle se manifeste par cette assurance singulière de leur physionomie.

Un des hommes les plus aimables de New-York a eu l'idée originale de se composer un musée de miniatures où il a fait figurer, avec leur permission, toutes les beautés de la ville.

Ces pudiques miss vous disent : « il faut bien s'amuser avant le mariage ; sait-on ce qu'il adviendra ensuite? » Beaucoup d'entre elles s'engagent avec des jeunes gens qu'elles n'ont nullement l'intention d'épouser. Elles ont la dépravation chaste. Précisément parce que la jeune fille américaine ne fait pas tourner toute son imagination autour des problèmes du sentiment, son caractère comporte des nuances plus nombreuses que ses pareilles d'Europe. Ces dernières attendent pour se développer, que leur cœur ait parlé et qu'une influence d'homme ait commencé de les façonner ; l'américaine existe par elle-même, elle le sait, elle le veut, elle en est fière. Son individualité est déjà complète lorsqu'elle arrive au mariage, elle prétend choisir un époux, elle le veut riche, très riche, « l'amour, dit-elle, c'est comme le mal de dents, et jusqu'ici, je n'ai pas encore eu besoin de dentiste ».

C'est pour cela qu'elle prolonge volontiers son célibat, jusqu'à vingt-cinq ou vingt-six ans. D'une indépendance sans contrôle, elle se laisse aller à ses goûts, à ses fantaisies, à sa nature.

Que lui apportera-t-il en effet le mariage quand il viendra? Des devoirs à remplir, un mari à subir, une maison à tenir et... des enfants à soigner. Jeune fille, elle n'a pas le poids de ces chaînes, elle le sait. Toutes s'inspirent de la maxime qui dit : « Jeunes filles, on nous réprime, mariées on nous opprime, et vieilles on nous supprime. »

Le mariage américain est une association mondaine où l'homme apporte comme capital son travail et son argent, la femme sa beauté, l'art de s'habiller et son talent de recevoir. Beaucoup de ces jeunes filles se marient avec des vieillards riches ; les rapports d'argent de l'homme et de la femme sont si étrangers dans ce pays où l'épouse joue souvent vis-à-vis de son mari le rôle de préposée à la dépense, le voyant à peine, recevant de lui à profusion un argent qu'elle gaspille pour elle seule dans un luxe dont le mari ne jouit pas. Il n'est jamais là, si ce n'est que sous la forme de chèque.

Comme en Angleterre, la femme américaine est protégée ; elle ne travaille pas, l'après-midi se reposant dans son drocking-cars, elle lit et meuble son esprit de connaissances intellectuelles, elle devient très érudit, et possède de ce fait une supériorité sur l'homme. *Pour le mariage elle en a la science avant d'en avoir l'expérience.* Mais à New-York, contrairement à Paris et à Londres, vous ne rencontrez pas dans les rues ces Vénus de l'amour, cet usage si funeste toléré à Paris est à New-York d'une interdiction absolue, tout au moins les apparences sont sauvées. La fréquentation des jeunes filles y offre certains dangers, car un de nos compatriotes établi à New-York m'a raconté ce qui lui était arrivé. Son magasin, très connu, est fréquenté surtout par les femmes, étant donnés les produits succulents qui s'y vendent. Parmi ses clientes, il remarquait depuis quelque temps une jeune miss. Un beau jour, il conquit ses bonnes grâces, et lui offrit un rendez-vous qui fut accepté. Fier de sa conquête, il emmena la belle dîner dans un restaurant bien connu. Après un copieux repas en cabinet particulier, où les écrevisses et le champagne mirent en gaieté nos deux amoureux, il offrit à la belle miss de terminer dans un hôtel voisin cette soirée si bien commencée, ne se doutant nullement du dénouement qui devait se produire. A l'hôtel, chaque voyageur est scrupuleusement enregistré; notre compatriote donna, bien entendu pour la circonstance, un nom d'emprunt, mais la belle, sans embarras, donna le sien. Après ces formalités remplies, la chambre désignée fut occupée, mais à peine rentrée, la perfide s'esquiva, et notre amoureux stupéfait n'eut plus qu'à regagner ses pénates.

L'affaire ne devait pas en rester là, car le lendemain, notre compatriote, à son grand étonnement, reçut assignation d'avoir à comparaître devant les juges. L'avocat de la jeune fille sut démontrer que sa cliente avait été compromise, d'après la déposition du maître d'hôtel, et comme suivant les lois américaines la réparation du dommage causé est, comme pénalité, l'amende, ou le mariage, notre compatriote étant marié, et ne pouvant devenir bigame, fut bel et bien condamné, d'après sa situation de fortune, à payer à la traîtresse une somme de 20.000 dollars à titre de dommages intérêts.

Voilà ce dont certaines filles de la libre Amérique sont capables.

A partir de seize ans, la jeune fille peut se marier sans le consentement de ses parents; d'accord avec le jeune homme qu'elle a choisi, elle se rend chez un clergyman qui, sans autre formalité, les unit.

Le divorce est très usité aux États-Unis et s'obtient très facilement. Les formalités à remplir durent huit jours au minimum et un mois au maximum. A New-York on en compte une moyenne de soixante-cinq par jour. Comme exemple, on cite celui d'un monsieur Claron qui le lendemain de son mariage était divorcé.

Les enfants doivent se produire eux-mêmes. Le père

veut-il déshériter complètement ses enfants, la loi lui en procure les moyens, il lui suffit de relater dans son testament qu'il lègue 1 dollar à l'enfant qu'il veut déshériter, pour que ce testament ne puisse être attaqué en nullité.

Les Mœurs

Un jour bien curieux à passer à New-York, où l'on pourrait y faire des études de mœurs, c'est le jour du Christmas (fête de la Noël), Cette fête, pour les Américains, ne se termine bien que quand chacun s'est sérieusement grisé. Aussi, ce jour-là voit-on les viveurs, et ils sont nombreux, porter à leur boutonnière un petit carton sur lequel est indiqué leur domicile. La nuit, quand la fête est terminée, titubant dans les rues, ceux qui perdent le plus l'équilibre, sont appréhendés par les policemans qui, successivement les conduisent de blocs en blocs jusqu'au domicile indiqué sur le carton ; c'est dans ces conditions qu'ils regagnent leur logis ; comme on le voit, le moyen est pratique.

Ces policemans, quels gaillards robustes, quelle prestance avec leurs bâtons à la main, et comme ils en imposent! Le chef de la police reçoit par an 12.000 dollars ; on évalue sa fortune à 2.000.000 de dollars. La police est faite par trois mille neuf cents agents et coûte à la ville 5.139.147 dollars ; à cette somme il faut ajouter les rentes payées par les tenanciers, les marchands ambulants ou par des professions tolérées et protégées par la police, ce qui produit un total de 17.174.147 dollars, soit plus de 85.000.000 de francs, formant le budget annuel de la police de New-York. Malgré ce budget fantastique, la police y laisse encore bien à désirer, car il est dangereux d'aller seul, le soir, dans Thomson-Street, le quartier des nègres, qui sont au nombre de 15.000 dans la ville et de 10.000.000 dans les États-Unis. Il est aussi dangereux d'aller dans Mott-Stret, quartier des Chinois, car il s'y commet souvent des crimes, et ceux qui s'égarent dans ce Witchapel, sont souvent dévalisés.

Les Français ont choisi comme résidence des quartiers plus paisibles; c'est dans l'Houston Woorter, Blecker, Washington-Square qu'ils demeurent; ils sont au nombre de 30.000.

L'entretien de la voierie coûte 5.000.000 de francs par mois, et le budget de la ville est de 170.000.000 par an.

On est frappé de voir une nation de 70.000.000 d'habitants avoir pour armée un effectif de 30.000 hommes : le service militaire y est volontaire.

Tout étonne dans l'étude des mœurs des Yankees, dans les rues les gamins qui vous cirent les chaussures moyennant 50 centimes, d'autres trafiquent, achètent, vendent et conduisent leurs « business » avec la perspicacité de vrais hommes.

Dans une rue déserte une femme était tombée frappée d'apoplexie à l'heure ou les bambins revenaient de l'école; regarder bouche béante, le pouce aux lèvres, ne serait pas digne d'un américain boy ; il fallait conduire la malheureuse à l'hôpital, mais comment ? Un des gamins aperçoit la charrette d'un express-man dont le conducteur était à boire dans un bar, il s'empare de la voiture, et tant bien que mal la pauvre femme est hissée, et ils vont la déposer à l'hôpital.

Les chemins de fer traversent les campagnes, le plus souvent sur leur parcours, il n'y a pas de clôture, ce qui permet aux enfants de suivre la voie. Une petite fille allant à l'école s'aperçoit que la voie minée par les eaux de la dernière averse tombée est en danger. Résolument elle s'embusque, attendant le passage du convoi, et par des signes réitérés fait comprendre au conducteur le danger menaçant. Le train s'arrête, un accident est évité, et deux cents personnes doivent la vie à cette petite potache.

Ce peuple fier n'admet pas pour lui-même la domesticité, le sentiment de dignité personnelle existe chez l'Américain à un degré incroyable; un Montmorency en France n'a pas une si bonne opinion de lui-même. Ce sentiment de supériorité est profondément ancré dans l'esprit de tout Américain, les mendiants eux-mêmes vous refusent une pièce de 10 centimes, c'est trop peu pour eux. Du reste, dans les hôtels, les domestiques ne vous cirent pas les chaussures ; vous êtes obligé de descendre dans le sous-sol où des nègres, moyennant une rétribution de cinquante centimes, se chargent de ce travail.

Dès lors, on comprend que des gens qui ont un pareil souci de leur dignité répugnent à remplir les fonctions de serviteurs. Allez donc demander à un homme qui, dans son for intérieur, se croit l'égal de M. Cleveland, de se livrer à pareille besogne qui ne convient tout au plus qu'à des nègres.

A quoi bon se faire le domestique d'un maître plus ou moins capricieux, quand on est sûr de pouvoir travailler pour son propre compte, avec le secret espoir de monter de grandes affaires, et de se livrer un jour ou l'autre à de fructueuses spéculations, comme rêve toujours tout bon Américain ? Ces utopistes croient que les affaires sont restées les mêmes, et que la facilité de gagner de l'argent ne s'est pas modifiée. Se faire domestique, se disent ces Américains, c'est se résigner à un salaire fixe, toujours le même, se condamner pour toute sa vie à une situation subalterne et sans profit; un Américain authentique est incapable de se contenter de si peu, il ignore l'art de se créer des resssources en épargnant sou par sou, et en plaçant habilement son argent comme en France. Ce qu'il faut à son tempérament et à son caractère aventureux, ce sont les grandes affaires, les gains rapides, les coups de bourse, c'est là qu'il est dans son élément. Ce serait donc une illusion de le croire apte à servir ses semblables.

Si la nécessité l'y force, il se fera garçon d'hôtel ou de restaurant, mais ce sera à titre provisoire en attendant mieux, et tout en servant des coktails à ses clients, il rêvera des entreprises grandioses qui un jour lui rapporteront des millions. Il serait impossible de trouver à New-York, à Chicago ou à San-Francisco, de ces domestiques de carrière, un de ces vieux serviteurs comme on en trouve tant en France, qui sont attachés à leur maître, dévoués à ses intérêts, et qui n'ambitionnent pas autre chose. Il s'ensuit que les mœurs et coutumes des servantes américaines sont des plus bizarres; elles sont d'une ingéniosité féroce quand il s'agit de se venger de leur maîtresse.

« Kate, vous viendrez annoncer au salon que madame est servie », et Kate s'obstine à sonner le dîner de la salle à manger.

« Mais, Kate, je vous avais priée d'annoncer », et Kate de répondre : « Ne me sonnez-vous pas, madame, quand vous m'appelez ? »

« A vous de venir quand je sonne ».

Que de fois la pauvre maîtresse de maison a dû descendre à la cuisine le jour où elle attendait des invités !

C'est en général le moment psychologique que choisissent les cordons bleus pour imposer leur ultimatum, augmentation ou congé. En France, nous avons l'habitude de tolérer certains usages de la part de nos vieux domestiques, en raison même de leur dévouement et de leur fidélité, mais en Amérique les servantes irlandaises n'attendent pas d'avoir des titres à l'ancienneté, le dévouement étant inconnu pour elles.

De cette bonne opinion qu'ils ont d'eux-mêmes, un maire de Chicago en a fourni les preuves, lorsque recevant une délégation d'ingénieurs français, il leur dit :

« Messieurs, soyez les bienvenus, c'est le premier homme du monde qui vous accueille dans cette cité. J'ai été cinq fois maire de Chicago.

« Chicago est la ville de l'Illinois, qui est le premier État des États-Unis, et les États-Unis sont la première nation du monde. »

Il fut tué pendant les troubles qui éclatèrent après l'exposition, ce grand homme qui s'exprimait ainsi.

Voyons comment ces grosses fortunes américaines se sont constituées.

Mackay, le milliardaire, était ouvrier mineur ; il s'associa avec deux de ses amis pour la recherche de mines d'or en Californie ; les débuts furent difficiles, et le petit pécule que possédaient les trois associés fut vite épuisé. Après plusieurs recherches restées infructueuses, ses deux co-associés désespérés de tant d'efforts inutiles, allaient renoncer à la lutte, lorsque après de nouvelles recherches, ils finirent par découvrir un filon dans lequel se trouvait une poche d'or. Mackay, le plus malin des trois, sentant là le commencement de la fortune, en profita pour offrir à ses associés le remboursement de la cote-part avec une plus-value, ce que ces derniers, moins persévérants que lui, acceptèrent avec empressement. L'association dissoute, il continua seul l'exploitation, avec ses bénéfices acquit de nouveaux terrains, et organisa toute une exploitation qui, grâce à des gisements d'or importants découverts par lui, lui firent récupérer une grosse fortune. Ce fut ensuite la découverte de puits à pétrole, sa prospérité devint telle qu'il s'occupa ensuite de différentes affaires financières. Aujourd'hui, la fortune de Mackay, ce richissime Américain, dont nous avons tous connu l'hôtel qu'il habitait autrefois à Paris, place de l'Étoile, possède une fortune de plus de 1 milliard et demi. On dit même que lorsqu'il était mineur, sa femme tenait la cantine. A cette époque, elle n'aurait pu se payer la fantaisie de crever dans un moment de colère, sous prétexte qu'il ne lui ressemblait pas, son portrait qui avait été peint par Meissonnier et qu'elle avait payé la bagatelle de 100.000 francs.

Astor, cet autre milliardaire, a fait sa fortune dans des opérations financières. Lui aussi a connu les jours néfastes, car il a vendu, dit-on, des bananes au coin de Houston-Street.

Stoor, un autre propriétaire de mines bien connu, est propriétaire à New-York d'une partie de la ville haute; en mourant, il a laissé à son fils, rien qu'en valeurs de portefeuille, 500.000.000.

Jey Gould, le fameux financier, était propriétaire de plusieurs lignes de chemins de fer, il réalisa des bénéfices énormes au moment de la baisse de l'or ; il est mort il y a quelques années, en laissant une fortune évaluée à 1.000.000.000.

Et enfin le fameux Vanderbith, dont on admire l'hôtel splendide qu'il s'était fait construire dans la Fith-Avenue, et son petit Trianon de Newport, a fait une fortune immense dans la construction des steamers ; c'est lui qui, le premier, commença la construction des bateaux transatlantiques dont la société Cunar de New-York a de si beaux modèles ; il est mort à 97 ans, en laissant à ses huit enfants une fortune évaluée à 2.000.000.000.

Les mœurs de cette nation excentrique diffèrent tout à fait des nôtres ; en bien des cas les apparences sont sauvées, les femmes ont leur club où elles se réunissent, c'est l'émancipation absolue qui commence ; la femme arrivera à occuper une place prépondérante, car le mouvement féministe y fait tous les jours des progrès.

Ainsi en 1870, il n'existait pas aux États-Unis une seule femme exerçant la profession de teneur de livres ; actuellement, il y a 27.780 comptables féminins professionnels ; les femmes copistes ou secrétaires sont au nombre de 64.018 ; les femmes de lettres, 2.725, les femmes journalistes, 888 ; les actrices, 3.949 ; les peintresses qui en 1870 étaient 412 sont aujourd'hui 10.810 ; les femmes médecins, 4.556, et les femmes musiciennes professionnelles, 34.518.

Par contre, nombre de métiers féminins, comme ceux de piqueuses à la machine, blanchisseuses, repasseuses et nourrices sèches, sont maintenant dévolus en ce pays de progrès à des Chinois mâles ou présumés tels, puisque les femmes chinoises ne peuvent pas franchir le sol américain, car il n'existe aux États-Unis qu'une seule femme chinoise, celle du consul chinois à Washington.

Du reste, on voit partout les Chinois exercer le métier de blanchisseuses et de repasseuses pour lesquels ils excellent.

Les Américains commencent à s'inquiéter de l'extension qu'à pris l'immigration depuis cinquante ans, aussi imposent-ils maintenant certaines conditions. Leurs États sont suffisamment peuplés, l'Amérique fut colonisée par différents peuples, l'Indiana fut colonisé en 1730 par les Français, Iowa en 1747 par les Français, Kansas par les Canadiens français, le Kentucky en 1775 par les Virginiens, la Louisianne en 1699 par les Français et cédée par la France en 1805 moyennant la minime somme de 17.000.000, la Californie en 1769 par les Espagnols, l'Alabama en 1713 par les Anglais, la Caroline du Nord en 1650 par les Anglais, la Caroline du Sud en 1689 par les Anglais, le Connecticut en 1653 par les Anglais, le Delawarre en 1627 par les Suédois, la Floride en 1654 par les Espagnols, la Géorgie en 1733 par les Anglais, l'Illinois dont la capitale est Chicago en 1672 par les Français, New-York en 1618 par les Hollandais, le Maine en 1630 par les Anglais, le Maryland en 1602 par les Anglais, le Michigan en 1670 par les Français, le Minnesota en 1680 par les Français, le Missouri en 1763, par les Français, New-Hamsphire en 1623 par les Anglais, New-Jersey en 1627 par les Suédois, l'Ohio en 1754 par les Anglais, la Pensylvanie en 1638 par les Suédois, le Texas en 1686 par les Français sous la conduite de La Salle, Vermont en 1623 par les Anglais, la Virginie en 1607 par les Anglais, le Wisconsin en 1668 par les Français, le Nouveau-Mexique en 1769 par les Espagnols, l'Arizona cédée par le Mexique en 1848, et Alaska acheté à la Russie en 1867 pour la somme de 3.600.000 francs.

Il faut être citoyen d'Amérique pour pouvoir voter dans ces différents États, et les émigrants qui arrivent pour aller peupler ces différents États doivent justifier de leurs moyens d'existence pour être admis; les indigents, faussaires, repris de justice, polygames et malades ne peuvent pénétrer sur le sol américain, dont l'étendue est immense, puisque la distance qui sépare New-York de San-Francisco est de 1.300 lieues.

Être rentier, on ne connaît pas pour ainsi dire cette profession; tout homme fortuné a ses occupations : il est commanditaire dans diverses industries, associé de fabriques, d'usines, de maisons de banque, exploite des mines, fait valoir des fermes, mais il est quelque chose; contrairement à nos Français, il ne sait pas limiter ses besoins, c'est ainsi qu'il veut toujours augmenter son capital, et surtout le faire valoir dans des industries dont les rapports sont bien plus productifs, aussi est-ce une conséquence de la prospérité industrielle et commerciale des États-Unis.

En France le contraire se produit, les capitaux se retirent de l'industrie et du commerce pour aller s'immobiliser dans des placements d'un rapport devenu presque nul.

En Amérique, une mine est-elle à exploiter ? une usine se construit-elle ? de tous côtés les capitaux affluent, assurent la réussite de l'exploitation.

Ponts, Chemins de fer et Tra...

La hardiesse de ce peuple téméraire dans ses entreprises est sans limite, ainsi le grand pont de Brooklyn considéré jusqu'à ce jour comme le plus beau du monde va être dépassé, les ingénieurs américains qui sont parvenus à vaincre les grandioses accidents du sol de leur pays, dont les travaux audacieux s'élèvent triomphants au-dessus des fleuves géants, des rapides et des vallées, vont commencer la construction d'un nouveau pont qui traversera l'Hudson, le projet est basé sur le principe de celui qui existe sur le Forth en Écosse, ce nouveau pont dépassera en proportions celui de Brooklyne, la travée centrale du pont de l'Hudson aura 616 mètres d'ouverture, les cables auront une longueur totale de plus de 2.000 mètres, les pylônes en acier qui supporteront ce pont auront plus de 200 mètres de hauteur, et les blocs de maçonnerie dans lesquels doivent être fixées les extrémités du câble seront placés à 300 mètres en arrière de ces pylones, le tablier du pont sera de 46 mètres de hauteur, laissant toute liberté à la navigation, et sur le pont seront installées six voies ferrées, la dépense sera de 40.000.000.

Le pont qui relie New-York à Brooklyne fut commencé le 2 janvier 1870 et inauguré le 24 mai 1883 ; cette œuvre herculéenne repose sur deux piles d'une portée de 436 mètres, la hauteur des tours au-dessus du niveau de l'eau est de 93 mètres, celle du pont au centre de la rivière 45 mètres, la longueur du câble est de 1.200 mètres, la force de chaque câble 12.000 tonnes, poids total supporté par les cables 14.680 tonnes, la largeur du pont 30 mètres, sa longueur d'une tour à l'autre 533 mètres et la longueur du pont 2.179 mètres, les deux voies ferrées qui y sont installées transportent par jour plus de 25.000 voyageurs, deux voies pour les voitures et les piétons, et une route de plus de 4 mètres de large, il peut donner passage à des navires d'une mâture de 40 mètres, et il a été dépensé pour sa construction 75.000.000.

Sur les principales avenues du sud au nord et de l'ouest à l'est, de Brooklyne, des voies ferrées élevées sur des échafaudages à colonnes portent des trains qui se succèdent à trois minutes d'intervalle, et font incessamment la navette entre les quartiers extérieurs et le centre commercial qui avoisine le port. Outre ces diverses lignes urbaines qui transportent près d'un million de voyageurs par jour, d'autres lignes de rails reposant sur le sol à travers les entrecolements, des chemins de fer aériens sont parcourus par des convois que remorquent des machines fixées, et dans la même rue des omnibus prennent les voyageurs entre les stations.

Le métropolitain (appelé l'elevated) est, sur tout son parcours, d'une construction vraiment remarquable et offre pour les habitants les plus grandes facilités, les trains s'y succèdent sans interruption toutes les trois minutes de 5 heures du matin à minuit et toutes les quinze minutes de minuit à 5 heures du matin, en quarante-trois minutes pour 25 centimes vous franchissez la distance qui sépare Hanover Square à la 172e rue, nous avons fait ce parcours plusieurs fois dans les deux sens, et nous avons été stupéfaits de la manière rapide et pratique avec laquelle ce service régulier est fait ; à la 8e avenue, l'elevated, sur un parcours de 4 kilomètres, longe le boulevard ; les travaux métalliques qui ont été exécutés pour la construction de ce chemin de fer dépassent de beaucoup ceux faits pour le métropolitain de Londres. Les arrêts dans les gares ne durent que quelques secondes, étant donné que lorsque le train arrive à la 30e rue, par exemple, les conducteurs, aussitôt le départ du train, avertissent les voyageurs qui doivent descendre à la station suivante, c'est-à-dire à la 31ᵉ rue, de manière que tous viennent se ranger près des plates-formes, et dans ces conditions la sortie s'effectue avec une rapidité, d'autant plus étonnante, que les wagons se trouvent au même niveau que les quais de débarquement.

Dans tous les compartiments sans exception il est défendu de fumer.

Les cars électriques (tramways) sont aussi, sous tous les rapports, d'une organisation parfaite.

La ville en est sillonnée par un nombre considérable qui la traverse en tous sens du sud au nord, et, comme le métropolitain, marchent toute la nuit.

Cinquante lignes différentes desservent New-York, les voitures des cars sont légères, gracieuses, et d'une propreté remarquable, même sur les plates-formes il est défendu de fumer. Jusqu'ici c'est l'Angleterre qui tenait la tête pour la vitesse des chemins de fer, le train de Londres à Aberdeen faisait 101 kilomètres en une heure et demie, les Américains viennent de battre ce record, le train de New-York à Brest-Buffalo a parcouru 700 kilomètres en six heures cinquante-quatre minutes déduction faite des arrêts, il a fait 103 kilomètres à l'heure ; enfoncée la vieille Angleterre !

Les cars, même ceux avec des chevaux, marchent à une allure des plus rapides, et leur vitesse atteint jusqu'à 24 kilomètres à l'heure.

Les points d'arrêts sont déterminés et connus du public qui s'y rend, il y a donc de ce fait une très grande amélioration sur nos tramways de Paris, car, dans ces conditions, la cavalerie se trouve bien plus ménagée.

La vitesse des cars n'est pas sans danger pour les piétons qui peuvent se trouver parfois traverser la voie. Aussi l'imagination des inventeurs s'est-elle exercée pour éviter que ces rencontres dangereuses aient des conséquences fâcheuses. L'un des procédés adopté à cet effet consiste à garnir l'avant-train du tramway d'une sorte de filet dont la partie antérieure vient frapper les jambes du malheureux qui n'aurait pas eu le temps de se garer, il se trouve ainsi jeté dans le filet et préservé de l'écrasement. Du reste, des ressorts convenablement disposés adoucissent le choc.

Sur l'Hudson et la rivière de l'Est, ce sont des bateaux-bacs (ferry-boat) qui transportent des voitures tout attelées ainsi que des trains complets de marchandises, d'une rive à l'autre. On les voit la nuit flotter comme des pyramides lumineuses.

New-York

Le Central Park, ce bois de Boulogne des New-Yorkais, est un long quadrilatère de pelouses, de bois, de rochers et de nappes d'eau.

Le jardin des Plantes possède les animaux les plus rares, entre autres le singe cardinal. Sa superficie est de 345 hectares, entouré de grilles, c'est un des plus beaux parcs du monde, admirable par ses sites pittoresques. La partie nord est séparée de la partie sud par le réservoir de New-Croton, rivière captée, retenue dans d'immenses récipients pouvant fournir plus de deux millions d'hectolitres d'eau par jour, les routes carrossables ont 9 milles de longueur (le mille terrestre a 1.509 mètres). Du Belvédère, l'on jouit d'un point de vue magnifique, et l'on aperçoit l'aiguille de Cléopâtre qui vient d'Alexandrie et qui fut donnée par Ismaïl-Pacha en 1877, la statue de Washington appelé le père des Américains, de quatre à six heures du soir le Central-Park est le rendez-vous du monde élégant.

Les Américains sont cependant très bien organisés pour combattre les incendies, et chose singulière, c'est le pays où il s'en déclare le plus, car la moyenne à New-York est de quinze par jour. Les constructions nouvelles sont maintenant, d'après les règlements de police, dotées d'escaliers extérieurs en fer, ce qui permet aux locataires de pouvoir descendre en cas d'incendie.

Le départ d'une pompe à vapeur sur le lieu de l'incendie qui est signalé s'effectue avec la plus grande rapidité. Aussitôt que le signal d'alarme a retenti au poste des pompiers qui, la nuit, sont couchés habillés, les harnais, suspendus au-dessus des chevaux, s'abattent sur leur dos, dont déjà les licols se sont trouvés détachés, et les chevaux, dressés à ce genre d'exercice, viennent d'eux-mêmes se ranger dans les brancards. C'est ainsi que dix minutes après l'incendie signalé, se trouvent dix pompes à vapeur prêtes à se mettre en batterie.

New-York, comme ville de sciences et d'arts, est abondamment pourvue, elle possède de grandes écoles dont des tableaux indiquent le côté des mâles et le côté des femelles.

New-York qui occupe toute l'île de Manhattan et une partie de la presqu'île qui la rattache au continent se trouve à l'embouchure de l'Hudson. En 1609, un navigateur anglais, au service de la Hollande, Henri Hudson, recherchant le fameux passage du Nord-Ouest qui devait conduire directement d'Amérique dans l'Inde découvrait le grand fleuve qui porte son nom.

En 1614, les Hollandais jetaient sur les rives de ce fleuve, à 230 kilomètres de son embouchure les fondements d'une colonie, Fort Orange ; ils y établirent un port de commerce qu'ils appelèrent New-Amsterdam. En 1664, les Anglais, sous un prétexte futile (comme ils savent toujours si bien en trouver) s'emparaient des possessions qu'on appelait déjà la Nouvelle-Hollande, les perdirent quelque temps après, et de nouveau s'en rendirent maîtres en 1674.

New-Amsterdam prit le nom de New-York, et Fort-Orange celui d'Albani. En 1776, pendant la guerre de l'Indépendance New-York resta jusqu'à la fin le centre des forces anglaises, et la ville ne fut évacuée qu'à la signature de la paix, en 1783.

De 1785 à 1790, New-York fut le siège du gouvernement des États-Unis, sous la présidence de Washington. Le premier bateau à vapeur construit par Robert Fulton parut sur l'Hudson en 1807. En 1817 fut créée la première ligne de bateaux entre New-York et Liverpool.

Par le canal de l'Erié ouvert à la navigation en 1825, avec ses lignes de chemins de fer, New-York se trouve en communication directe avec l'Est et la Nouvelle-Angleterre, et par Jersey-City en traversant l'Hudson, elle est reliée à toutes les grandes villes de l'ouest. Au commencement du siècle, Wall Street était la limite extrême de la ville, le développement qu'elle a pris depuis vingt ans est prodigieux, puisqu'en 1653, la population qui n'était que de 1.120 habitants, était en 1800 de 60.489, en 1820 de 123.706, en 1840 de 312.710, en 1860 de 831.669, en 1880 de 1.206.599 et enfin actuellement de près de 3.000.000.

La superficie des États-Unis, où le charbon ne vaut que 10 francs la tonne, et le gaz naturel 0 fr. 10 le mètre, est si grande que le Texas à lui seul pourrait contenir la France, l'Angleterre et l'Allemagne, et la distance de New-York à San-Francisco est trois fois celle de Londres à Gibraltar ; seule, la région des charbonnages est aussi grande que la France et l'Angleterre réunies.

Le maire de la ville touche 50.000 francs par an. Il y a à New-York 47 banques nationales, 140 théâtres, le plus grand, Academy of music, contient 3.000 places, et le café-concert Garden-Madison peut contenir 10.000 personnes.

C'est dans le Square de l'Union, au centre de la ville que fut érigée en 1876 la statue de La Fayette, œuvre de Bartholdi ; elle fut donnée à la ville par les résidents français. C'est en face de ce square, où est le restaurant Hoffmann que se trouve, dans le bar qui est au sous-sol, la fameuse tapisserie des Gobelins qui avait été offerte par les Marseillais à l'impératrice Eugénie, et qui pendant la Commune fut volée aux Tuileries ; c'est aussi dans ce bar que nous avons admiré le joli tableau des nymphes de Bouguereau.

Après Madison Square et Washington Square, où se dresse l'arc de triomphe, nous avons visité le Musée métropolitain qui renferme une très belle collection de tableaux. L'école française y occupe une place importante représentée par les toiles de Bonnat, Jules Breton, de Thomas Couture, Nicolas Poussin, Rosa Bonheur, etc. Des chefs-d'œuvre de bronze de Barbedienne et de Barrye.

Le bullding de l'Equitable, nom de la Compagnie d'assurances qui a bâti ce gigantesque palais à façades de marbre qui se dresse à l'extrémité de Wall-Street, avec ses quinze cents locataires, est une véritable ruche humaine, où dix mille personnes par jour se servent des ascenseurs.

Le Rivers Park qui est borné par l'Hudson est une promenade très agréable ; on y remarque le tombeau du général Grant et une statue de Washington qui fut élevée par le produit d'une souscription faite par les enfants des écoles.

Nous visitons ensuite City Hall Park où les principaux journaux y ont fait édifier de véritables palais, en particulier le journal le « World » qui avec sa coupole dorée de 84 mètres de hauteur est absolument grandiose. Nous montons dans les ascenceurs pour aller à la terrasse qui se trouve au 16ᵉ étage, contempler le panorama de la ville.

Les Prisons

Dans l'après midi nous nous rendons dans les deux îles de Blackwell's et Ward's où se trouvent les pénitenciers et les maisons de fous ; nous abordons à une petite jetée de bois, point de départ du bateau passeur qui, une fois par jour, emporte vers ces îles les condamnés et les parents des fous. Une voiture cellulaire arrive avec sa charge de forçats, on les empile dans des cabines spéciales du bateau et la maison flottante s'avance sur l'eau crispée qui clapote sourdement, nous croisons des remorqueurs et de navires de commerce. Arrivés à l'autre rive, le boss, vieillard jovial, ouvre les deux cabines où il a verrouillé ses hôtes, et vingt-deux hommes à la face avilie en sortent, après eux les femmes ridées aux figures congestionnées, la peau verte et rose, teinte que leur donne l'alcool, débarquent également. Ces femmes, avec leurs traits tirés dans une chair flétrie fument des cigarettes ; parmi ces déclassés, hommes et femmes, peu de Français et beaucoup d'Allemands ; cela se comprend, étant donné les chiffres de l'émigration depuis dix ans, puisque 50.460 Français contre 1.452.952 Allemands ont débarqué en Amérique. Dans ce bagne, les galériens travaillent à des terrassements, si ce n'était leur costume blanc à raies sombres, on les prendrait pour des ouvriers ordinaires. L'absorption dans le labeur est un trait si américain que les forçats ne se distinguent point des ouvriers libres, leur travail leur est payé un dollar par jour ! Le régime est humain, presque confortable. A six heures du matin, du pain et du café, à midi de la viande, à cinq heures du soir, la soupe, du pain et du café, ils ont une bibliothèque, et pendant quatre heures par jour peuvent lire.

Même singulier ramassis d'étrangers dans la maison des fous, dans l'île de Blackwall's. Pour les fous furieux les médecins américains n'emploient pas la contrainte physique qu'ils trouvent dégradante ; pour les patients, ils emploient la contrainte chimique, ils le droguent à mort... ils trouvent cela plus humain. Dans cet asile, règne une morne terreur, tandis que dans l'asile des folles règne un air de douceur, presque de gaieté. Les salles et les couloirs sont ornés de fleurs en papier et de fruits en étoffe, reliques de la dernière fête de Noël. Le germe du foyer impérissable au cœur de la femme, cet instinct de maternité qui persiste même dans la folie, a suggéré aux prisonnières une gracieuse et navrante fantaisie. Auprès des arbres de Noël, elles avaient mis des poupées vêtues de robes tricotées par elles, se figurant les enfants pour qui elles ont rêvé de préparer ces cadeaux.

Quel triste symbole de la liberté que cette grande île stérile et nue !

Contrairement à la France le nombre des employés et fonctionnaires de l'État est restreint, la République Française en a augmenté considérablement le chiffre. ainsi en 1793 on ne comptait en France que quatre cent dix mille fonctionnaires payés par l'État qui émargeaient au budget pour une somme de 517.256.000 francs qui avec les retraites payées atteignait 580.000.000. Depuis vingt ans le nombre des fonctionnaires à été augmenté de cent trente-deux mille et la dépense majorée de 181.846.000 francs, ce qui fait qu'il y a actuellement en France six cent trente-un mille sept cents citoyens vivant des deniers publics soit un chiffre égal à l'effectif de l'armée française, voilà pourquoi le budget est toujours en déficit, le gouvernement n'a pas de quoi s'en enorgueillir, ce sont de tristes résultats obtenus !

Nous regagnons New-York, devant dès le lendemain à la première heure partir pour Philadelphie.

Philadelphie et Pittsburg

Philadelphie, située dans la Pensylvanie, à trois heures d'express, est une grande et belle ville bâtie sur les bords des rivières Delaware et Schuylkill ; c'est la troisième ville des États-Unis qui n'avait en 1800 que 70.287 habitants, et en 1820, 167.325. Cette ville qui s'est considérablement développée compte aujourd'hui plus de 1.000.000 d'habitants. Elle étonne surtout le voyageur qui y débarque par la quantité prodigieuse de fils aériens télégraphiques qui traversent la ville en tous sens. Ce grand centre commercial fut fondé en 1682 par William Penn.

Une des curiosités est le nouvel Hôtel de Ville, édifice somptueux en marbre blanc, sur lequel on a placé au haut de la tour la statue colossale de William Penn ; cette tour a une hauteur de 144 mètres, et dépasse celle des cathédrales de Strasbourg et de Cologne ; le palais a, du Nord au Sud, 162 mètres, et de l'Est à l'Ouest 160 mètres. L'intérieur est orné de riches colonnes. L'horloge est monumentale, le cadran a 10 mètres de diamètre, l'aiguille qui marque les minutes a 4 mètres de long, et celle des heures $2^m.54$; l'horloge est, pendant la nuit, éclairée à l'électricité. La sonnerie pèse 25.000 kilog. et s'entend des points les plus éloignés de la ville ; le remontage s'en effectue au moyen d'une machine à vapeur.

Le musée renferme la cloche de la Liberté qui ne sonna qu'une fois le 4 juillet 1776 pour annoncer l'évacuation des Anglais, la salle où fut signé le même jour le traité de l'Indépendance : la déclaration en fut publiquement proclamée du haut des marches de l'édifice.

C'est à Philadelphie que se trouve la grande fabrique de locomotives de Baïdwin qui occupe plus de 3.000 ouvriers.

Le collège Girard destiné aux orphelins fut fondé par un de nos compatriotes, négociant bordelais, qui à sa mort en 1830 légua à la ville une somme de 10.000.000 ; grâce au don généreux de ce Français, huit cents orphelins reçoivent asile et sont élevés dans cet établissement philanthropique.

A côté se trouve l'école de médecine des femmes, celles reçues comme doctoresses sont envoyées de préférence dans les couvents de jeunes filles. Une de ces doctoresses sortie de la Faculté a ouvert un cabinet dans la ville et y gagne, nous a-t-on dit, plus de 100.000 francs par an.

Les palais de l'ancienne Exposition universelle, élevée dans le parc, ont été conservés et transformés en musées qui sont d'un certain intérêt.

Cette grande ville possède quarante mille maisons de plus que New-York ; le total des constructions est de cent trente-quatre mille sept cent quarante, dont cent vingt-quatre mille trois cent deux sont des propriétés particulières.

Le Général Pleasouthon qui vient de mourir à l'âge de quatre-vingt-six ans avait fait parler de lui en 1878, car il avait à cette époque fait une véritable révolution dans l'industrie du verre. Il avait persuadé à ses concitoyens qu'en changeant le verre blanc de leurs carreaux contre du verre bleu, ils en obtiendraient des résultats hygiéniques très appréciables. Il prétendait que la lumière bleue avait une salutaire influence sur toutes les maladies, ce fut alors un engouement général, et plusieurs mois après, tous les carreaux des fenêtres étaient remplacés par des verres bleus.

Les vitriers firent fortune.

Et puis la mode passa, car les effets bienfaisants annoncés n'avaient été qu'un leurre, et c'est pourquoi l'on ne revoit maintenant aux fenêtres des maisons que des carreaux blancs.

Les Américains viennent de célébrer le centenaire du dollar; c'est en 1794 que la banque de Maryland déposa à la monnaie de Philadelphie des pièces d'argent françaises pour une valeur de 500.000 francs destinées à être frappées en dollars d'argent, en conformité de la loi récemment votée sur les monnaies de la jeune République — le 15 octobre suivant le premier lot de de ces dollars fut livré à la banque de Maryland qui les mit aussitôt en circulation, ces 1.758 dollars, tout ce que contenait le lot, constituent donc la première vague de ce torrent d'argent qui depuis a roulé sur les États-Unis.

Dans les cent années écoulées, les États-Unis ont frappé en dollars 3.000.000.000 et demi de francs, la frappe de l'or a été de 8.000.000.000, cinq changements successifs eurent lieu, c'est en 1878 qu'eut lieu le dernier et l'émission du dollar actuel. Sur la face une tête de la République avec un diadème au front portant le mot Liberty, de son bonnet phrygien qui a pris une forme coquette s'échappent des fleurs et des épis entourant la tête des treize étoiles, des treize premiers états. Les États-Unis ne viennent qu'au quatrième rang des États pour la quantité de monnaie d'argent en circulation, cette circulation est d'une valeur de 2 000.000.000 et demi de francs inférieure à celle de l'Inde, de la France et de la Chine.

De Philadelphie le chemin de fer conduit à Pittsburg, le Creuzot de l'Amérique, ville essentiellement industrielle où ont été construites d'immenses usines métallurgiques, y sont occupés 25.000 ouvriers, on y fabrique des plaques de blindage d'un poids considérable, les mines de charbon y produisent 20.000.000 de tonnes par an, ne se vend aux consommateurs que 10 francs la tonne, le gaz naturel y jaillit du sol, la fabrique d'aluminium produit 3 tonnes par jour et vend ses produits 5 francs le kilog.

Pittsburg avec ses hauts fourneaux ressemble la nuit à un immense incendie. C'est une ville de tempérance où le dimanche il est défendu de boire, et de fumer même dans les rues.

Baltimore

Est une ville de plaisance, coquette, commerçante qui depuis cent cinquante ans porte le nom du colonisateur Maryland, beau port de mer où peuvent s'abriter en tous temps les bâtiments du plus grand tonnage il s'y fait un grand marché d'huîtres et de tabacs du Maryland et de l'Ohio. Comme ses congénères les rues sont remplies de poteaux télégraphiques, au centre de la ville la statue de Washington. Le City-Hall en marbre blanc de style Renaissance est un des plus beaux monuments des États-Unis ; la religion y est très divisée, il vient de s'y fonder une secte religieuse où s'y pratique l'échange des femmes, la communauté comprend déjà plus de deux cents membres tous mariés bien entendu, ils ont fait élever un très joli temple où sous l'égide d'un ministre de cette invraisemblable religion se font les échanges.

Les fonctions de ces singuliers pasteurs sont gratuites, tous ces fervent se disent saints et impeccables. Un de ces saints, ayant dernièrement refusé de prêter sa femme malgré le consentement de celle-ci, s'est vu immédiatement expulsé, on ne cite il est vrai que ce réfractaire, ces Yankees sont inépuisables, il faut toujours qu'ils inventent quelque chose, cette fois c'est d'une nouvelle religion qu'il s'agit.

Ils étaient deux cents hommes graves, pieusement mariés et qui nonobstant sans aucun goût pour le célibat se sentaient des aspirations de célibataires. Trop expensifs pour s'astreindre à la pure observance de lois conjugales, trop formalistes pour les violer ils n'avaient qu'une ressource, s'en fabriquer bien vite de plus accommodantes, refondre du même coup leurs codes civil et religieux en vue d'élargir un peu les horizons du mariage, de rajeunir et d'egayer cette vieille institution surannée.

C'est ce qu'ils firent.

N'allez pas croire toutefois, chers Lecteurs, qu'ils entendissent devenir polygames ! Avec des harems à la turque, ou simplement à la mormonne ! Fi donc, de la monogamie, l'étiquette leur semblait mieux seyante, ils la gardèrent, et pour le surplus s'entendirent entre eux. Il fut convenu, et le nouveau code le stipula, qu'ils n'auraient chacun qu'une femme, avec cette disposition extensive articulée au même chapitre, que chacun des 200 sociétaires ainsi syndiqués aurait droit en sus aux 199 femmes de ses collègues; ingénieuse combinaison tout imprégnée d'égalitarisme et remarquable en ceci qu'elle laisse au ménage son autonomie propre, et respectabilité décorative; sans méconnaître en rien l'aimable diversité inscrite au programme de la jeune république, les femmes de la colonie du Delaware seront comme les bibliothèques roulantes de South-Kennington, où les livres sont colportés de ville en ville, et feuilletés par mille mains, ce qui fait beaucoup d'heureux qui peuvent chacun s'en servir, et qui une fois lus font retour au bercail, un peu défraîchie et un peu décoiffés…

A l'instar des Mormons, ces excentriques se sont d'emblée proclamés saints avec un hiérophante chargé d'appeler sur leur digne foyer la bénédiction du ciel.

Faut-il croire que les pommes du voisin perdent de leur saveur dès l'instant que la cueillette en devient légalement permise? Salomon, dit-on, avait bien trois cents femmes et encore en nue propriété, sans les ingérences du communisme. Le chef de cette nouvelle secte, pour créer ces statuts, a-t-il été s'inspirer chez les Mormons?

L'Utah reconnu en 1850, territoire des États-Unis, a été placé dans l'union de la république américaine. C'est en 1847 que les Mormons, après la mort de Joë Smith, le fondateur de leur secte, émigrèrent dans cette contrée, et commencèrent à la défricher. Le plus connu des présidents des Mormons fut Brigham Young mort en 1877. La polygamie formait le premier article du programme des Mormons; au-dessous du président qui prend autant de femmes qu'il lui plaît, sont douze apôtres missionnaires qui possèdent chacun douze femmes; viennent ensuite soixante-dix prêtres et un nombre encore plus grand de diacres ayant chacun six et huit femmes. Cette secte attira à elle nombre d'immigrants, des villes se fondèrent ; de 40.000 qu'ils étaient, les Mormons atteignirent le chiffre de 200.000. Mais le but qu'ils poursuivaient de renouveler le genre humain en se multipliant sans cesse et en écrasant les dissidents par le nombre ne se réalisa point.

Le chemin de fer du Pacifique ayant amené dans l'Utah dès 1869 de nombreux immigrants, le gouvernement de l'Union, en 1864, s'éleva contre la polygamie et a, depuis, poursuivi constamment les adhérents.

La capitale formée par eux qui a pris nom de Nouvelle Jérusalem n'est plus aujourd'hui que la cité du grand lac Salé. Les Mormons, dont le nombre a toujours diminué, ont presque disparu.

Pendant notre séjour à l'Exposition de Chicago, nous avons fait connaissance avec un Mormon ; nous aimions à causer avec lui, car ce beau garçon était doux et aimable ; il nous raconta son odyssée, son père mort depuis un an avait cinq femmes avec lesquelles il avait eu trente-cinq enfants, il habitait Sion près le lac Salé.

— Nous autres Mormons, nous dit-il, nous trouvons très naturel la polygamie, nous nous occupons d'agriculture, et chacune de nos femmes habite une maison séparée et à son foyer, chacune a droit aux mêmes égards et à la même tendresse, nous ne favorisons pas l'une au détriment de l'autre ; avec chacune nous demeurons un temps égal, et chaque jour nous rendons visite aux autres. Chacune de nos femmes est autant respectée par nous que pourrait l'être une épouse légitime, et nous ne nous croyons nullement inférieurs à ceux qui n'ont qu'une femme à aimer.

Vous autres chrétiens, nous dit-il, vous croyez que nous sommes des hommes semblables aux pachas d'Orient, eh bien ! pas du tout, ne croyez pas que nous ne cherchions que la satisfaction de nos fantaisies et de nos passions. Le lieu conjugal n'est pas moins en honneur parmi nous que chez vous. L'adultère est inconnu parmi les Mormons ainsi que les naissances illégitimes ; pour les femmes, leurs maris sont les dieux, les instruments de leur bonheur à venir, à l'aide desquels elles ne sauraient parvenir à leur destinée bienheureuse. Les Mormons n'ont pas oublié l'indigne massacre de Joseph Smith dans la prison de Carthage.

Les maximes des Mormons sont plus appréciables que celles des fondateurs de la nouvelle Thélème de Baltimore. Tout l'intérêt de savoir si deux cents femmes peuvent suffire à qui n'aura pas pu trouver le bonheur dans une seule. Ces hommes qui ont la manie du changement éprouveront encore du vague dans l'âme quand ils seront au bout de la tournée et recommenceront à gémir sur les monotomies de l'existence, si bien qu'on arrive encore à plaindre ces pauvres innovateurs du Delaware engagés dans une expérience sans issue et réduits à la position congrue en dépit du petit paradis de Mahomet qu'ils croyaient s'être constitué.

Un madrigal inscrit sur l'album d'une jolie femme assurait que Dieu ayant créé le monde avait voulu couronner son œuvre en donnant le jour à la femme...

Après quoi il s'arrêta de peur de faire une nouvelle sottise.

La polygamie vient d'être déclarée illégale aux États-Unis; alors que deviendront les femmes de la secte de Baltimore?

Un vieillard de soixante-dix ans, M. Cannon, comme son ami l'évêque Claweson, avait plusieurs femmes et un grand nombre d'enfants. Ne voulant pas résister à la nouvelle loi, il les réunit toutes pour la leur faire connaître, en leur déclarant qu'elles étaient libres de partir et d'épouser qui bon leur semblerait, bien qu'il se trouvât obligé de leur venir en aide, si elles ne le faisaient pas. Toutes ses femmes répondirent qu'elles acceptaient le sacrifice, mais qu'elles ne voulaient pas partir. M. Cannon, devant cette rupture de liens de famille qui s'imposait, dut prendre une décision. Sa première femme étant morte, il déclara qu'il n'y aurait plus de cœurs enflammés et que désormais il n'aurait plus de femmes, par conséquent plus de jalousie, et maintenant, il vit seul avec les enfants de sa première femme; il a fait construire une grande salle où, chaque matin, ses anciennes femmes avec leurs enfants, s'y rencontrent avec lui comme d'habitude pour la lecture de la Bible et des prières. Le dîner a lieu dans la même salle où chaque femme est assise à une table avec ses enfants à elle, et lui à part avec les enfants de sa première femme.

Voilà comment il a résolu la question...

Washington

De Baltimore, nous partons pour Washington, district de Colombie ; cette belle capitale de la Confédération américaine se trouve à neuf heures de chemin de fer de New-York.

Washington est le Versailles des États-Unis ; c'est du reste, d'après les plans d'un officier français, le major Lenfant, que fut tracée cette ville qui se trouve située sur le fleuve le « Potomac » à la jonction de l'Anacosta.

Washington avec ses larges avenues plantées d'arbres, ses squares ornés de statues, ses beaux monuments, a un aspect de grandeur qui est bien digne du grand homme dont elle porte le nom, et est d'un séjour très agréable.

Nous commençons par la visite du musée, il est important et contient notamment de belles toiles de l'école française, le « Régiment qui passe » de Detaille, plusieurs tableaux de Bonnat, Henner, Ziem, Jules Breton, etc., et une collection remarquable de bronzes de Bary, dans une vitrine les habits de Washington, en face l'entrée un buste en marbre de Napoléon Ier et dans un coin de la salle celui de Guillaume Ier.

La bibliothèque renferme 650.000 volumes.

Le Capitole (copié sur le Panthéon), au milieu duquel s'élève une majestueuse coupole, d'un côté la Chambre des représentants et de l'autre le Sénat.

La Chambre des représentants comprend trois cent cinquante-six membres, soit environ un représentant pour 176.000 habitants. La durée de leur mandat est de deux ans, ils touchent 5.000 dollars par an.

Le Sénat compte quatre-vingt-dix membres, tous les deux ans un tiers de ceux qui ont siégé pendant six ans se trouve renouvelé ; les divers territoires envoient au Congrès un délégué qui siège, et prend part aux délibérations, mais il n'a pas droit de vote ; le traitement annuel des sénateurs est le même que celui des représentants.

Le Président de la République, M. Cleveland, reçoit un traitement de 50.000 dollars par an, le vice-président 8.000. Le Président des États-Unis a plus de prérogatives qu'un roi constitutionnel d'Europe ; il commande les armées de terre et de mer, signe les traités avec l'avis et le consentement du Sénat, choisit ses ministres, nomme les ambassadeurs, les consuls, les juges de la cour suprême, les hauts fonctionnaires de l'État, convoque les Chambres dans les cas extraordinaires et veille à la fidèle exécution des lois.

En outre, il possède le droit de veto contre les résolutions votées par le Congrès; malgré ses nombreuses occupations, M. Cleveland occupe encore ses loisirs. C'est ainsi que pour les cannes il tient le record de l'originalité, il en possède une très curieuse faite en fragments de cornes de tous les animaux connus de l'Amérique du nord. Le docteur Halles, lui, tient le record de la canne la plus chère du monde, car une de celles qu'il possède a le pommeau constitué par une pépite d'or de trois livres qui est reliée au jonc par une bague d'or garnie de soixante-cinq diamants. Cette canne de Crésus yankee est évaluée 20.000 francs.

Le Capitole est un immense monument qui a coûté 65.000.000. On y remarque deux tableaux importants, l'un représentant Penn, négociant avec les Indiens, et l'autre le débarquement de Christophe-Colomb en 1492.

En face le Capitole, est la Maison Blanche, résidence du Président de la République; c'est un édifice de modeste apparence, et moins luxueux que l'Élysée à Paris. Tous les samedis, le Président y reçoit publiquement dans une des salles du rez-de-chaussée de une heure à trois heures ; au premier étage, sont ses appartements particuliers, simples, quoique de bon goût.

M. Cleveland est le Président le plus fortuné qu'aient

jamais eu les États-Unis. On évalue sa fortune à 350.000 dollars environ ; il y a six ans, il n'en possédait, dit-on, que 200.000. C'est grâce à son activité comme avocat qu'il a su augmenter sa fortune.

En général, les Présidents de la grande République d'outre-mer étaient peu fortunés en arrivant au pouvoir ; M. Harisson n'avait que 30.000 dollars, les présidents Monroë, Jakson, général Taylor, Polk. Pierre Johnson, Fillmorre, Lincoln, Grant et Garfield n'avaient, paraît-il, presque rien. Washington Jefferson, Adams, et Hayes ne possédaient pour toute fortune qu'environ 20.000 dollars.

Beaucoup de ces Présidents sont fils de leurs œuvres comme l'honorable M. Félix Faure, président de la République française qui, aujourd'hui, avec tant de mérite et d'autorité, préside aux destinées de la France.

Andrew Johnson, Président des États-Unis de 1865 à 1869, était né en 1808 à Kaleigh, dans la Caroline du Sud. A dix ans, il entra comme apprenti chez un tailleur, comme il ne savait ni lire, ni écrire, il apprit seul pendant la nuit ; à dix-huit ans, il s'établit tailleur à Greenville, dans le Tennesee ; au bout de quatre ans il fut élu maire, ensuite membre du Congrès ; le président Lincoln le nomma gouverneur du Tennessee. Johnson fit de ses mains un superbe habit officiel et l'envoya à un de ses amis qui était gouverneur du Kentucky ; ce dernier qui avait été fumiste dans sa jeunesse, ne voulut pas rester sans l'obliger, il fabriqua un service de pelles et de pincettes et l'envoya à Johnson.

On lui demandait la veille de son élection à la Présidence ce qu'il ferait s'il n'était pas élu.

« C'est bien simple, répondit-il, je sais fort bien mon métier, j'ouvrirais une boutique, et je reprendrais mon état. »

Le président, dont les débuts modestes et pénibles autant que le génie et la fin tragique ont rendu le nom populaire et légendaire, même comme la plus haute personnification de l'énergie et de la ténacité de la race yankee, est Abraham Lincoln, qui dirigea les destinées de la grande République pendant la guerre de Sécession.

Lincoln était l'aîné de trois enfants, d'un colon du Kentucky; sa mère, devenue veuve, emmena sa famille dans l'Illinois. Lincoln pour aider sa mère à élever sa famille se fit successivement gardien de pourceaux, garçon de ferme, batelier, bûcheron et géomètre. A dix-huit ans, il entra chez un entrepreneur, avec ses économies il acheta des livres et s'instruisit. Ensuite, il entra comme chauffeur à bord des bateaux du Mississipi, puis s'établit épicier à Decatur, et le soir se transformait en maître d'école, il étudia le droit et rentra dans une étude d'avoué, se forma aux affaires en théorie et en pratique; à vingt-cinq ans, l'épicier de Décatur était élu membre de la législature de province, où il sut donner des preuves de sa compétence. A vingt-huit ans, ses concitoyens l'envoyèrent au

Congrès. Elu Président de la République, Lincoln conserva à la Maison Blanche la même simplicité ; cet homme long et maigre, haut de près de six pieds, les épaules voûtées, avec des mains extraordinairement grandes, une chevelure sauvage surmontait et encadrait de ses mèches indisciplinées la tête et le visage du Président.

Parmi les présidents dont l'extrême simplicité faisait contraste avec la haute situation qu'ils occupaient il faut citer Tomas Jefferson. Le 4 mars 1801, il se rend sans escorte à Washington, pour prendre possession de la Présidence ; il descend devant la Maison Blanche et attache lui-même son cheval à un poteau. Sa présidence expirée, il se retire dans sa modeste propriété familiale de Monticello, mais son état de fortune était si précaire qu'il dut vendre sa bibliothèque, et plus tard sa propriété.

Jefferson et Madison étaient intimement liés, après avoir vécu et travaillé longtemps côte à côte, ils s'étaient succédé dans les plus hauts emplois, depuis le rectorat de l'Université de Virginie jusqu'à la Présidence. En 1817, après l'expiration de son second mandat, Madison se retira des affaires publiques, ils restèrent tous deux en bonne amitié ; Jefferson mourut le premier, et dans son testament, légua à son ami Madison sa montre en or comme gage d'amitié.

Le père du cinquième Président, Jacques Monroë. était un pauvre charpentier.

Le général Zacharie Taylor, en 1850, qui n'occupa

la Présidence que pendant une année en remplacement de Polk fut employé jusqu'à vingt-quatre ans dans une plantation de la Virginie où travaillaient ses parents, trop pauvres pour lui faire donner une instruction supérieure. En 1808, ses goûts militaires le poussèrent à entrer dans l'armée ; au bout de quatre ans, il passait major général.

Son successeur, Milbard Fillmore, était fils d'un petit cultivateur, il fut drapier, et cardait la laine ; désireux de s'instruire, il consacrait ses veillées à lire, lorsqu'un homme riche, frappé de son intelligence et de sa bonne volonté, lui fit faire des études sérieuses qui le conduisirent au barreau, puis au Congrès.

Le fameux général Grant était fils d'un tanneur de Point-Pleassant, dans l'Ohio ; avec ses goûts, il rentra à seize ans à l'École militaire que venait de créer à West-Point le Président Jackson. A la guerre du Mexique, il gagna le grade de capitaine sous le général Taylor ensuite quitta l'armée pour se marier, il devint fermier aux environs de Saint-Louis, puis s'associa avec son père pour faire le commerce des cuirs à Galena, dans l'Ilinois, et de là, partit pourp rendre par à la guerre de Sécession où il joua un rôle considérable.

James Abraham Garfield, le successeur de Hayes, rappelle le Président Lincoln. Comme lui, pour subvenir aux besoins de quatre enfants et de leur mère laissée, par la mort du chef de famille dans une situation très précaire, il quitta à seize ans la maison, et s'engagea comme marin sur le lac Erié ; de là, sur les canots de l'Ohio comme batelier. Ayant réalisé quelques économies, il rentre chez lui, et la protection d'un personnage, frappé de son intelligence exceptionnelle, le fait entrer au séminaire de Geauga. Après ses études faites, il devint instituteur dans le district, à vingt-huit ans fut nommé membre du Sénat de l'Ohio, et la guerre civile vint mettre en relief ses qualités militaires et administratives.

Comme on le voit, la liste des Présidents qui ont eu des débuts difficiles dans la vie est assez longue ; aussi l'Amérique du Nord a-t-elle salué avec éclat la nomination de M. Félix Faure à la présidence de la République française, sachant apprécier la valeur de l'homme qui, d'ouvrier tanneur chez M. Dumée à Amboise, est devenu le premier magistrat de la France.

Chaque État de l'Union est régi par ses propres lois, et possède un gouvernement local indépendant. C'est ainsi qu'à New-York le gouverneur est élu pour trois ans, il touche 10.000 dollars par an, et son lieutenant 5.000.

A côté de la Maison Blanche se trouve la Trésorerie ; nous visitons en détail la salle où se fabriquent les dollars-papiers, puis celle où sont le moulin et le broyeur fonctionnant en présence de trois commissaires délégués du gouvernement qui assistent aux opérations du broyage des vieux dollars-papiers qui pour cause d'usure sont retirés de la circulation ; il en est ainsi annulé pour 5.000.000 de dollars par jour ;

ces débris sont utilisés pour faire de la pâte à papier. Dans les caveaux, l'en-caisse en or est de 3.200.000.000 de francs, et celui de l'argent de 3.750.000.000.

C'est donc la France qui possède le stock le plus considérable d'or et d'argent, puisqu'il y a dans les caves de la Banque de France 4.000.000.000 en or et 3.000.000.000 et demi en argent ; puis vient l'Angleterre avec 2.750.000 000 en or et 500.000.000 en argent la Russie vient en dernier, car elle ne possède que 1.250.000.000 en or et 300.000.000 en argent. En ce qui concerne le papier-monnaie inconvertible, l'Amérique du Sud vient en tête pour une somme de 3.000.000.000, la Russie pour 2.000.000.000 et demi, puis les États-Unis avec 2.060.000.000. Il résulte donc que le stock d'or accumulé en ce moment dans le monde entier représente 17.913.000.000, et celui de l'argent 20.213.500.000 francs, et celui du papier-billet non convertible en espèces 13 milliards 179 millions.

Aux États-Unis, le service des postes est admirablement bien fait, l'administration ne néglige rien pour faire parvenir aux destinataires leur correspondance, même quand l'adresse est insuffisante. La division étrangère du Post-Office possède des employés d'une sagacité merveilleuse ; quoique cela, le nombre des lettres mortes reçues au bureau de Washington a atteint en 1894 le chiffre 590.672 ; c'est l'Italie qui produit le plus de lettres au rebut, pour la raison bien simple que voici : l'envoyeur ne veut rien dépenser pour affranchir sa lettre, le destinataire reconnaît l'écriture des siens, il en conclut qu'il se porte bien et refuse la lettre pour ne pas payer la taxe réclamée.

Le monument érigé en 1885 en l'honneur de Washington a 196 mètres de hauteur, il a été construit avec des plaques de marbre blanc fournies par chaque état; parmi les nombreuses statues, nous remarquons celles de La Fayette et de ses compagnons d'armes, œuvre de Mercié et Falguière. A l'intérieur de ce monument, nous montons dans l'ascenseur qui nous transporte au sommet d'où l'on jouit d'un splendide panorama, tant sur la ville que sur le fleuve Potomack. L'après-midi, nous faisons l'excursion sur ce fleuve jusqu'à Mont-Vernon, où existe la maison de Washington; c'est là qu'il mourut le 14 décembre 1799. Dans le jardin est son tombeau ainsi que celui de sa femme; c'est un lieu de pèlerinage pour les Américains qui ont conservé pour ce grand homme la plus profonde vénération. Au premier, dans sa chambre à coucher, ainsi que dans les autres pièces, tout a été conservé religieusement, les objets, les cadeaux qui lui furent offerts, une clé des portes de la Bastille de Paris que lui donna le général La Fayette. A côté de la chambre à coucher de Washington, est celle de notre compatriote, le général La Fayette, qui a été son hôte. Tous ses meubles et objets sont aussi précieusement conservés. Nous rentrons par le bateau. C'est dans le fleuve le Potomack que l'on fait les pêches d'aloses les plus importantes.

Après deux jours de séjour dans cette charmante capitale, nous partîmes pour Richemond.

Richemond

Richemond, dans l'Indiana, qui fut colonisé en 1730 par les Français, est l'ancien siège des États du sud qui fut défendu par Jefferson et repris trois fois par les Sudistes. Cette ville, qui autrefois était si florissante ne se relève que bien difficilement des événements terribles dont elle fut le théâtre en 1861 lors de la guerre de Sécession, on n'y a pas oublié la nuit terrible où elle fut évacuée par les troupes du général Lee qui commandait les armées du Sud. Le général Grant avec ses troupes prit possession de la ville, et pendant quatre jours 1.500 soldats sudistes tinrent courageusement tête à 30.000 soldats nordistes.

A une heure et demie en voiture nous allons visiter le champ de bataille de la guerre de Sécession où les deux cimetières qui y sont renferment les corps de 50.000 soldats tués pendant les batailles, les tombes qui contiennent les restes des soldats sudistes se distinguent par un R peint sur les croix (qui veut dire rebelle) on voit que même dans la tombe l'oubli des haines ne s'est pas fait.

Richemond en 1861, lors de la guerre de Sécession qui ne prit fin qu'en 1865, vit se dérouler bien des événements, l'esclavage n'était pas du tout l'unique cause de la guerre civile américaine, il en fut seulement le prétexte, les causes étaient multiples, questions politiques, commerciales, de races, divisaient alors l'Union, car aucun pays ne diffère davantage que le nord et le sud de l'Amérique au point de vue du climat et de la population, ce fut la guerre de l'aristocratie contre la démocratie, la lutte de la propriété contre le radicalisme. La question de l'esclavage n'était qu'un prétexte mensonger derrière lequel s'abritait le Nord, le gouvernement de Washington doit en porter toute la responsabilité devant l'histoire; le général Jackson surnommé par ses soldats mur de pierre, se révéla dans la bataille qui eut lieu sur les bords de Potomac; une femme Mme Florida Gordon se prodigua dans les ambulances de l'armée du Sud; les femmes de l'Amérique du Sud par leur dévouement, leur patriotisme, firent revivre en plein dix-neuvième siècle l'abnégation des Romaines.

Le gouvernement de Washington avait mis sous les armes deux millions et demi de combattants parmi lesquels deux cent mille nègres, sa flotte nombreuse sillonnant les mers et les fleuves se composait de cent vingt-six mille marins. Le Sud ne put lever que six cent-soixante mille hommes, mais des braves ceux-là, à la bataille de Bull-Kun six mille sudistes battirent vingt-six mille nordistes, Johnston fut frappé mortellement à Richemond, Robert Lee, ce grand patriote, lui succéda; son grand-père Henry Lee, qui était ami de Washington se rendit célèbre dans la guerre qui aboutit en 1781 à la reddition de l'armée anglaise. Pendant la guerre de Sécession le Comte de Paris, qui servait le gouvernement de Washington, était aide de camp du général Mac-Clellan. On peut dire que Robert Lee était vénéré par ses concitoyens de Virginie, qui avaient reconnu en lui le type du soldat d'honneur. Persévérant et prudent calculateur en mars 1865 de l'armée du sud, il ne restait plus que trente mille héros sans vêtements et sans pain, et que quelques centaines de chevaux fourbus conduits par Fitz-Lee qui le 31 mars, avec des prodiges de valeur, culbutèrent cent cinquante mille nordistes.

Le 3 avril, les débris de cette vaillante armée s'arrêtèrent à Pétersbourg, n'ayant plus de chaussures et mourant de faim; ainsi allait se terminer cette guerre qui livrait cette héroïque armée du Sud à son vainqueur. Grant avait envoyé à Lee une lettre lui demandant la reddition de son armée; le 9 avril, cette suspension d'armes fut interrompue par une nouvelle attaque de Shéridan; les vétérans de Lee se trouvèrent cernés. En conseil, les officiers décidèrent de mourir les armes à la main. L'attaque commença, l'élan des soldats affamés, en guenilles, fut surhumain; les nordistes reculèrent à 2 kilomètres, 5.000 sudistes luttèrent encore

contre 80.000 nordistes ; le colonel Bradlon leur cria :
« Soldats, marchons à la mort ! ». Ce fut un carnage
effroyable, lui et ses Texiens furent atteints par une
grêle de balles.

Richemond est maintenant surtout habité par des
nègres. Pour nous rendre à Cincinnati, nous visitons
en passant Natural-Bridge (pont naturel), à 8 heures
de chemin de fer, site charmant et très pittoresque,
situé au milieu des montagnes. C'est une station médicale, où les malades viennent faire des cures d'air.

Un torrent impétueux traverse cette vallée sauvage
et, au-dessus de ces précipices, est suspendu un immense bloc de pierre que l'on peut traverser et qui
forme un pont naturel.

Le lendemain matin nous reprenons le train pour
aller déjeuner à Sulfure-Spring, où nous arrivons après
quatre heures de chemin de fer effectué à travers des villages d'émigrants. Cette station hivernale dont le climat tempéré est très agréable, est visitée par les Américains qui viennent y suivre un traitement. Un
établissement thermal et un immense hôtel y ont été
installés, les sources d'eaux sulfureuses y sont réputées
et reconnues efficaces pour bien des maladies.

Quatorze heures de chemin de fer qui grâce au confort des wagons Pulmann s'accomplissent la nuit
assez facilement et nous arrivons à Cincinnati.

Cincinnati

Cincinnati sur l'Ohio, qui fut fondée en 1788, est une des métropoles commerciales de l'Ouest, et remarquable aussi par les nombreux poteaux télégraphiques placés dans les rues. La ville haute est très bien construite et ornée de belles promenades; trois ponts viaducs et un pont suspendu traversent l'Ohio et réunissent la ville aux faubourgs du Kentucky; les édifices publics y sont remarquables, le boulevard Euclid est surnommé les Champs-Élysées.

Il s'y fait un grand commerce de viandes de porcs qui sont expédiées dans l'intérieur. Plusieurs sources de pétrole sont rattachées à la ville par des conduites souterraines.

Louisville

Louisville, dans le Kentucky, est une grande cité à quatre heures de Cincinnati. C'est dans cette ville que se sont montées les grandes distilleries de wisky, eau de vie de grains qui est consommée en grande quantité par le peuple ; un beau canal joint la ville à Portland ; la société des tramways y a organisé un système pour la perception des places qui est aussi commode qu'original : le cocher qui conduit la voiture, sans conducteur, le voyageur qui monte sait qu'il doit déposer dans un tronc une pièce de 5 cents, cette boite glisse sur un fil et arrive jusqu'au cocher qui peut ainsi contrôler que le voyageur monté a payé et au travers de cette boite en verre il voit la pièce qui y a été mise, la pièce tombe dans une autre boite qui reçoit ainsi la recette, mais si à son passage elle est fausse elle est rejetée et rendue au voyageur.

Grottes de Mammoth

Ces grottes sont incontestablement les plus grandes du monde, elles dépassent en longueur celles si connues de Han en Belgique ; situées au milieu de forêts, le site en est des plus pittoresques, pour descendre dans ces profondeurs souterraines d'où ruisselle l'eau de tous côtés les femmes sont obligées de se revêtir d'un costume en caoutchouc. La caravane, conduite par des guides spéciaux, descend dans ces catacombes où il serait bien facile de s'égarer étant donnée l'immensité.

Des nègres porteurs de torches nous précèdent et chacun de nous a sa bougie, nous descendons jusqu'à une profondeur de 140 mètres et l'excursion nocturne commence à travers des précipices, des rochers desquels jaillissent des cascades impétueuses, c'est une plainte profonde, une gémissante rumeur; après deux heures de marche, c'est-à-dire moitié de l'étape à parcourir, le déjeuner nous est servi sur des rochers.

Notre Tartarin qui est toujours des nôtres reste ébahi devant cette œuvre immense de la nature, car le coup d'œil est vraiment grandiose. Pendant notre déjeuner, les musiciens nègres qui nous accompagnent, nous donnent une aubade, mais leur horrible musique nous écorche les oreilles, nous reprenons notre excursion, lorsqu'arrivés au rond point nous nous trouvons en présence d'une carrière de pierres; en voici la raison.

Dans ce rond point les premiers visiteurs eurent l'idée de commencer des tas de pierres, en formant une séparation pour chaque nation, où se trouve placé un tableau indicateur, si bien que maintenant, chaque visiteur est tenu de déposer une pierre sur la pyramide de sa nation, voire même des cartes de visite, car il y en a un grand nombre; c'est une tradition.

Avons-nous besoin de dire que c'est la pyramide de France la moins garnie; en échange, celles d'Allemagne et d'Angleterre en ont beaucoup plus. Hélas! comme partout, on constate que ce sont les Français qui voyagent le moins. Ils ne s'imaginent pas tout ce qu'il y a à apprendre dans les voyages ; que de choses à voir et à méditer. Imitez-moi, chers lecteurs. J'ai d'abord visité toute la France, ensuite voyagé à travers l'Europe, l'Afrique, l'Amérique et l'Asie, mais ce qui m'a le plus frappé et laissé des souvenirs inoubliables, c'est mon dernier voyage d'Égypte. Que de merveilles à contempler et que de magnificences à admirer !

Nous continuons les excursions et restons de plus en plus extasiés de ce que nous voyons. Cette merveille de la nature a été découverte il y a quelques années, sa renommée est déjà universelle ; il n'y a guère en ce moment que la moitié de ces immenses grottes explorées, 75 kilomètres environ sont connus ; elles contiennent quinze cents salles, trente-sept lacs, de nombreuses cascades et ruisseaux. Il y a huit conduites d'eau anciennes très distinctes, montrant évidemment que les soulèvements et cataclysmes de la nature ont abaissé le niveau de l'eau jusqu'à un nouveau lit. La magnificence des vues dans ces cavernes, lesquelles atteignent en ces endroits une hauteur de 600 mètres, est, sans contredit, sans pareille. On extrait de ces grottes de l'or, de l'argent, du cuivre, de l'étain et du fer. Un peu plus loin se trouve la mine d'or la plus riche du monde, d'où l'extraction produit jusqu'à 2.000.000 et demi de francs d'or par mois.

Saint-Louis

Onze heures de chemin de fer, et nous voilà à Saint-Louis, dans le Missouri, qui fut créé en 1707 par le père Marquette, de la Compagnie des Jésuites, et colonisé eu 1763 par les Français.

Saint-Louis, comme position géographique, est admirablement bien placé, au centre de la plus grande navigation intérieure de l'Amérique, c'est une grande ville bien bâtie, dont l'édifice le plus remarquable est le Palais de Justice, bâti en forme de croix grecque. Sur le Mississipi, un pont de deux kilomètres de long, à trois étages superposés, fait communiquer la ville avec le faubourg de l'Illinois. Le mouvement du fleuve est important, et l'industrie du fleuve y est très florissante; on y voit des brasseries, des raffineries et des fabriques de porc conservé; dans la ville dix-huit jardins publics et un bois admirable dans le genre du bois de Boulogne, dont les allées, le soir, sont très bien éclairées par l'électricité. Tout près de là, se trouve un vaste hippodrome où se tient le jeu du Foot-ball, un des sports qui passionnent le plus les Américains. L'enthousiasme qui existe dans cette enceinte, où quinze mille personnes crient et gesticulent, nous rappelle les courses de taureaux en Espagne, la fièvre du peuple est égale, le rendez-vous est, comme autrefois à Rome, pour les combats de gladiateurs.

Deux bandes de onze jeunes gens chacune, attendent le signal du commencement ; quels frémissements dans cette foule tenant à la main des petits drapeaux rouges et des fleurs ; des entrepreneurs d'enthousiasme excitent la foule, des étudiants au visage glabre, passent entre les banquettes et allument l'ardeur du public en poussant le cri de guerre de l'Université, le rah ! rah ! rah ! que termine l'appel frénétique de Harward ; le signal est donné, le jeu commence, terrible jeu, et qui suffirait seul à mesurer la différence qui sépare le monde anglo-saxon du monde latin, jeu de jeunes dogues, élevés à mordre, à se ruer dans la curée, jeu d'une race faite pour les attaques sauvages et la lutte à outrance.

Avec leurs vestes de cuir, aux manches d'un drap rouge, les jambières sur le devant du tibia, leurs grosses savantes et leurs longs cheveux flottants, à chaque extrémité de la piste, deux poteaux se dressent, représentant le camp de la droite et celui de la gauche ; toute la question consiste à faire passer entre ceux-ci ou entre ceux-là un énorme ballon de peau que les champions de l'un et de l'autre parti lancent tour à tour ; celui qui tient le ballon est là, penché en avant ; ses compagnons et ses adversaires penchés aussi autour de lui dans des attitudes de bêtes aux aguets ; tout d'un coup il court pour jeter le ballon, où d'un mouvement, d'une rapidité folle, il le passe aux mains d'un autre qui s'élance avec lui et qu'il s'agit d'arrêter. Il est empoigné par le milieu du corps, par la tête, par les jambes et par les pieds, il roule, et son agresseur avec lui, il se débat, et les deux troupes reviennent à la rescousse; c'est toute une ruée des vingt-deux corps les uns sur les autres, un nœud inextricable de serpents à tête humaine; on les voit tressauter dans une mouvante mêlée, le ballon rebondit lancé par le plus agile, et poursuivi de nouveau avec la même fureur; après un de ces frénétiques entrelacements, et quand les joueurs se séparent, un des combattants reste à terre immobile, incapable de se lever, tant il a été frappé, serré, écrasé, épilé; un médecin arrive et le palpe, éponge le sang qui ruisselle du front, du nez et de la bouche; quelquefois il faut emporter le malheureux; c'est absolument sauvage, et pour nous autres, peut-être un peu plus civilisés, et peu habitués à ce genre de boucherie, c'est palpitant.

C'est le sport le plus émouvant que l'on puisse imaginer.

Le soir, les journaux racontent les péripéties des luttes, donnent les noms des lutteurs et reproduisent les portraits des vainqueurs : c'est un véritable fanatisme, et les Yankees appellent cela faire de l'hygiène.

De Saint-Louis, huit heures de chemin de fer nous séparent de Chicago, et c'est avec plaisir que nous nous sentons approcher de cet grande ville, le but de notre voyage en Amérique. Voir l'exposition de Chicago, que la presse américaine avait annoncée avec tant de bruit, était notre desiderata, et surtout apprécier en quoi les américains sont capables en fait d'exposition ; quel serait le clou excentrique de la World's-fair, telle était la question.

Chicago

Arrivés à Chicago, notre guide nous fait descendre au premier hôtel, qui est l'hôtel Lexington, avenue Michigan ; on nous installe très confortablement, il faut avoir visité un de ces hôtels américains pour pouvoir se rende compte du confort, qui, sous tous les rapports, est offert aux voyageurs. Les chambres que nous occupons, ont chacune une salle de bains et des water-closets aérés et même parfumés, qui sont en acajou massif, dont la tenue et la propreté sont absolument remarquables. Nos architectes de France, chargés de construire les grands hôtels tels que le Continental et le Grand Hôtel, devraient bien venir en Amérique s'inspirer du bien-être qui est offert aux voyageurs ; ils seraient plus à même d'apprécier la différence qui existe entre les splendides hôtels américains et nos meilleurs hôtels français.

Chicago, la ville d'avenir de l'Amérique du nord, qui finira, par son importance, à dépasser New-York et San-Francisco, fut, en 1795, abandonné par les Indiens ; le sol fut acheté en 1740 150 dollars, aujourd'hui, dans Madison-Street, le terrain s'y vend jusqu'à 15.000 francs le mètre.

L'Illinois fut colonisé en 1672 par les Français. Chicago qui en est la capitale, est situé sur les merveilleux bords du lac Michigan et à l'embouchure de la rivière de Chicago, à l'endroit où se faisait jadis l'écoulement du fleuve Michigan, dans le bassin du Mississipi. C'était la voie naturelle des expéditions de guerre et de commerce, se dirigeant des grands lacs vers la rivière de l'Illinois.

En 1804, le gouvernement fédéral fit construire le fort Dearborn pour occuper ce poste stratégique ; peu à peu des résidents se groupèrent près de l'embouchure de la coulée ; à la même époque les quelques traitants envoyés par M. Astor, de New-York, échangeaient contre les fourrures, les armes, les eaux-de-vie, objets dont les Indiens se montraient avides ; de cette époque date la première vente d'immeubles à Chicago. Un pauvre nègre esclave, échappé de Saint-Domingue, Pointe de Sable, était venu chercher un refuge sur la rive nord de la rivière, vers 1779 ; il s'y était construit à l'aide de troncs d'arbres, une modeste cabane ; en 1796, il donna sa demeure à un autre Français, un Canadien, Joseph Le Mai, qui se trouva ainsi être le second habitant régulier de Chicago. Le Mai vendit sa maison à Kinzie, l'agent d'Astor, le troisième habitant connu de cette ville.

En 1830, la population n'était que de 860 habitants, depuis cette époque, les progrès accomplis tiennent du prodige, puisque en moins de soixante années, plus de 1.000.000 d'habitants se sont réunis sur cette plage, à peine émergée. Une fois cependant la prospérité inconcevable de Chicago se trouva interrompue par l'effroyable incendie de 1871, ce grand dévastateur des temps modernes ; 17.450 maisons furent anéanties dans ce désastre, elles occupaient une superficie de 8 kilomètres carrés. Les ravages de l'incendie furent tels que le vent porta les cendres jusque sur l'archipel des Açores.

C'est le 8 octobre 1871, un dimanche soir à 7 heures, que le feu se déclara chez un nourrisseur, O'Leary, Irlandais, qui habitait Roven-Street ; sa femme se rendait à l'étable pour y traire une vache, lorsque la lampe à pétrole (voilà une découverte qui aura fait bien des victimes) qu'elle avait posée à terre se renversa et se brisa ; en un instant, l'étable fut en feu, les flammes excitées par le vent qui soufflait d'une violence extrême, se dirigèrent du côté nord, et à minuit les flammèches, emportées par le vent, passèrent la rivière et retombèrent en communiquant le feu aux maisons de bois recouvertes de carton bitumé, aliment terrible pour le feu. A une heure du matin, la mairie brûlait, et de ce fait, le tocsin cessa de répercuter son glas funèbre ; le feu qui était devenu un torrent, effroyable s'avança avec une rapidité vertigineuse et franchit le port, anéantissant tout sur son passage. Ce n'est que le lendemain à midi que le feu fut circonscrit après avoir détruit les dix-sept mille quatre cent cinquante maisons, fait deux cent soixante-quinze victimes, supprimé les constructions de 672 hectares et produit une perte évaluée à 950 millions.

Chicago, avec l'activité qui caractérise si bien la nation américaine, s'est, avec une rapidité étonnante, relevé de ses décombres. La ville a été rebâtie comme par enchantement ; ce peuple chicagonien, vigoureux, exubérant d'activité, a repris sa place, et, aujourd'hui, dans les quartiers commerçants, se trouvent des constructions monumentales de quinze à vingt étages dont les plus remarquables sont la Loge Maçonnique et l'Auditorium, hôtel immense, pouvant loger des milliers de voyageurs et renfermant un théâtre qui, à lui seul, peut contenir huit mille places ; la tour est à quatre-vingt-dix mètres de hauteur du sol.

La Loge Maçonnique, dont la hauteur est de 82^m,50, a vingt et un étages qui sont desservis par seize ascenseurs, dont un nous monte avec une rapidité effroyable au sommet de la maison, où l'on a construit une terrasse, de laquelle nous jouissons d'un coup d'œil grandiose, tant sur la ville de Chicago qui se perd dans la fumée des cheminées, que sur le lac Michigan et les palais de l'Exposition ; tous les étages sont occupés par des banques et des bureaux de maisons de commerce. Cette colossale maison est construite en briques et en fer. Voilà de quoi faire rêver nos architectes français, car superposer une vingtaine d'étages les uns sur les autres, constituerait en France une impossibilité, où la réglementation de la voierie vient entraver l'initiative individuelle. De l'autre côté de l'Atlantique, elle se développe librement, puisque c'est en effet en Amérique que l'on retrouve le goût colossal de ces constructions de hauteur très ancien, car il apparaît avec la tour de Babel, la tour de porcelaine de Pékin, les Pyramides; les énormes édifices de New-York et de Chicago, baptisés du nom prétentieux de Sky-Scraper (qui veut dire gratter le ciel) sont l'objet d'admiration. C'est l'ambition démesurée des Yankees, la hardiesse de leurs conceptions et leur fougue audacieuse à réaliser les plus invraisemblables projets.

L'organisation municipale de Chicago date de 1834, à cette époque la population était de 4.170 habitants; en 1837, de 109.206; en 1860, de 491.516 et aujourd'hui elle atteint près de 2.000.000 d'habitants, parmi lesquels on compte 4.000 Français, 400.000 Allemands, 216.000 Irlandais, 31.000 Anglais, 12.000 Ecossais; la race scandinave y figure pour 100.000; la Bohême pour 54.000, les Polonais, 33.000, les Juifs russes 10.000, les Canadiens 20.000, et le surplus en Américains, telle est la population de cette Babel moderne.

Les 46.651 hectares, superficie de la ville, qui a environ huit lieues de long sur trois de large, valaient en 1823 à peine 12.000 francs, représentent aujourd'hui une valeur de plus de 46 milliards.

Chicago, la reine de l'ouest des États-Unis, est, disent les Chicagoains, fiers de leur cité, la huitième merveille du monde; jamais aucun pays n'a offert ce spectacle vraiment phénoménal qui a su, dans le court délai de cinquante années, transformer un camp indien en une cité qui arrive aujourd'hui au quatrième rang des villes peuplées par la race blanche. L'incendie terrible qui détruisit cette ville en pleine prospérité semble avoir fait à Chicago une sorte de réclame, d'où est sortie pour elle une recrudescence inouïe de vitalité; on doit à cette cruelle leçon de voir une partie de ces maisons, qui n'étaient construites qu'en planches, remplacées par des constructions monumentales en pierres et en briques, ces buildings qui font l'orgueil de Chicago, puisant dans ses cendres l'essence d'une vie nouvelle. Elle se trouve en fait, à l'heure actuelle, au point de vue commercial, la rivale de New-York, étant donné qu'il y a rivalité entre ces deux grandes villes comme entre les filles de Boston et de New-York.

Le terrain, dans le centre, y atteint des prix tellement fantastiques que les maisons, ne pouvant s'étendre en surface, croissent en hauteur.

Les différents ports depuis Chicago jusqu'à Oswego voient passer un tonnage de 51.203.000 tonneaux ; quant à la flotte qui navigue sur cette immense superficie d'eau douce, elle comprend 2.055 navires représentant un tonnage de 826.000 tonnes évalué à 295 millions; le réseau ferré qui entoure Chicago est de 200.000

kilomètres (et la terre n'a que 40.000 kilomètres de tour à la ceinture). Les États-Unis possèdent donc à eux seuls plus de voies ferrées que les nations du globe réunies. Le capital mis en œuvre dans cette industrie est de 55 milliards ! ! ! Il y a à Chicago vingt-huit compagnies de chemins de fer, propriétaires de 68.000 kilomètres de lignes ; le nombre de trains arrivants ou partants est de 1.360 par jour, dont 262 de grande vitesse, 660 de banlieue, 274 de marchandises, et 164 de bétail et de blé. La concurrence des voies ferrées est une lutte perpétuelle ; la distance qui sépare Chicago de New-York est de 1.600 kilomètres, c'est-à-dire celle de Paris à Vienne. Pendant l'Exposition, grâce à la concurrence des voies ferrées, on pouvait faire ce trajet pour 25 francs ; il s'est même fait pour la somme dérisoire de 4 francs.

A la concurrence des voies ferrées vient s'ajouter la rivalité des transports par eau. Le port est le rendez-vous de toute la flotte des lacs. En 1892, il est sorti de la rivière 9.252 navires ; c'est à peu de chose près le trafic de New-York avec les nations étrangères. Le grand mouvement suit la route ouverte par La Salle et Buffalo sur le lac Erié, en amont des chutes du Niagara. De Buffalo les produits peuvent ou gagner le Saint-Laurent par le canal canadien de Welland, parallèle au Niagara, ou l'Hudson, par le petit canal de l'Erié qui aboutit à Troy, près Albany. Les compagnies font payer les marchandises à raison de 30 francs la tonne, tandis que, par les transports fluviaux, le coût revient à douze francs la tonne.

Les fondations de ces gigantesques constructions offrent une première difficulté, étant donnés les poids énormes qu'elles ont à supporter, qui sont pour certaines maisons de 30.000 tonnes ; toute cette masse est soutenue par trente-deux colonnes en acier qui répartissent leur pression sur quinze massifs en maçonnerie; c'est à la fondation de ces colonnes que l'architecte doit apporter toute son attention, car il se trouve ainsi obligé d'aller jusqu'à 20 mètres y chercher le terrain solide pour fixer sur le roc des piles en maçonnerie résistantes supportant les piles métalliques; il se contente parfois d'établir à une faible profondeur un radier, sorte de plancher factice formé d'une couche de béton et d'une couche de poutres en fer, noyées dans une seule couche de béton, et ainsi de suite.

Les poutres employées pèsent 105 kilog. le mètre, et leur enchevêtrement dans la masse du béton permet de bâtir en sécurité sur elles, la petite forêt de colonnes métalliques qui se dressent sur le radier sert elle-même de piédestal à toute une ossature métallique qui forme la carcasse de l'immeuble, l'emploi des murs en pierre étant impraticable; le squelette complet de la maison est métallique, on le remplit ensuite en briques légères. Une fois construite, il faut doter cette maison de réseaux multiples de fils, de tuyaux, conduites pour le gaz, électricité, télégraphe, téléphone, ventilateurs, calorifères et ascenseurs ; il faut dans les sous-sols installer une véritable usine.

C'est en 1858 que le premier tramway fut établi. Les actions de cette compagnie, émises à 500 francs valaient en 1886, 7.500 francs, cours qui s'est encore dépassé.

Quoiqu'il en soit le mouvement des voyageurs n'y atteint pas encore celui de Paris où les omnibus furent organisés en 1828, et le premier tramway en 1856 qui partait de la place de la Concorde pour aller à Versailles; les lignes des tramways représentent à Paris plus de 300 kilomètres, la compagnie des omnibus transporte à elle seule deux cent quatorze millions de voyageurs par an, le chemin de fer de ceinture, les bateaux et les fiacres, cent quatre-vingt-six millions; il y a eu une énorme progressions car en 1855 la compagnie des omnibus n'avait transporté que quarante millions et cent dix en 1866. Il est donc en ce moment transporté a Paris pendant un an quatre cent millions de voyageurs, sur ce point Chicago est dépassé. Paris sous Louis XV comptait 550.000 habitants; en 1817, 713.000; en 1860, 1.740.000; en 1865, 1.825.000 et en 1891, 2.450.000. La compagnie des omnibus sur sa recette annuelle de 46 millions paye a l'État et à la ville 3.321.000 francs; la compagnie des petites voitures sur sa recette annuelle de 20.330.000 francs paie plus de 5 millions.

Pour les voitures, le nombre est aussi plus important, Paris compte treize mille voitures de maîtres, quatorze mille deux cent soixante-sept voitures de place, seize mille voitures de commerce, et mille quatre cent cinquante-six omnibus et tramways, il y a plus de quatre-vingt mille chevaux, la compagnie des omnibus figure pour quatorze mille, les fiacres dix mille cinq cents, les voitures de maîtres et de commerce cinquante-cinq mille sept cents.

La même prospérité existe en bien des choses; les imprimeries de journaux sont aussi des affaires florissantes; les actions du journal la « *Tribune* », émises à 5.000 francs valent aujourd'hui 125.000 francs. Il faut 5 millions par an pour faire face aux frais d'une feuille comme la « *Tribune* » ou le « *Herald* ». Plus de deux cents compositeurs sont à l'œuvre quand la copie arrive (le *Figaro* de Paris n'en a que vingt-huit). Le moindre journal a douze pages de texte; chaque page sept colonnes, chaque colonne deux cent vingt lignes, chaque ligne quarante lettres, soit dix fois un journal de France, et chose surprenante, le coût de ce journal n'est que de 0,10 centimes.

En Amérique, aucune affiche de réclame n'est apposée sur les murs, sauf celles des théâtres; toutes les réclames-annonces sont faites par la voie des journaux. C'est ce qui constitue les énormes réalisations de bénéfices.

Le chiffre des affaires commerciales et industrielles qui se fait à Chicago dans une année est de 7 milliards et demi de francs, qui se décomposent de la manière suivante : 2 milliards et demi de produits agricoles, 2.750.000.000 pour le commerce de gros, 2.250.000.000 pour la production industrielle. En

1860, chose incroyable, le chiffre d'affaires n'atteignait pas 500 millions, et toutes ces affaires colossales se règlent par chèques; les règlements s'opèrent le matin à 11 heures au cléaring-house, et en quelques minutes toutes les dettes de la veille sont compensées sans mouvement de fonds; le total de ces compensations a été en 1892 de 25.200.000.000.

Le pont ascenseur, ouvrage audacieux, qui remplace le pont tournant, démoli par le passage mal calculé d'un navire, est d'un travail colossal; il a 36^m,60 de longueur et s'enlève en laissant, au-dessous de lui, une hauteur libre de 47 mètres; les deux pylones, en acier, sont hauts de 60 mètres, et trente-deux câbles énormes servent à hisser la charge; le tablier pèse 250 tonnes et lorsqu'il est en mouvement avec ses contre-poids et les câbles tracteurs, c'est une masse de 520.000 kilog. qui se meut dans l'espace. Ce travail étonne par sa hardiesse.

C'est à Chicago que les pompiers sont le mieux organisés, et, chose singulière, c'est dans cette ville où les incendies sont le plus nombreux, surtout, paraît-il, le 30 de chaque mois... En 1893, le nombre des incendies a été de cinq mille deux cent vingt-quatre, dont quatorze seulement par la foudre, deux cent seize par les étincelles des locomotives, cent trente-deux par l'électricité, et cent cinquante-cinq par le gaz; le total des pertes occasionnées de ce chef a été de 15.500.000 francs; les rapports téléphoniques faits par les policeman ont été de un million deux cent soixante-huit mille huit cent quarante qui ont entraîné l'arrestation de quarante et un mille huit cent trente-deux personnes ; les avertisseurs publics spéciaux qui transmettent les appels téléphoniques, sans l'ordre du téléphone, sont au nombre de mille-cent vingt-deux ; en plus, il y a sept cent soixante treize avertisseurs de police avec téléphones placés dans les rues, et trois cent soixante-douze placés chez les particuliers. La longueur des conducteurs aériens est de 3.318 kilomètres, celle des conducteurs souterrains de 923 kilomètres, soit 4.241 kilomètres de fils conducteurs. La valeur des appareils, bâtiments et pompes, est de 14.786.000 francs. Les pompiers, pendant une année, répondent à une moyenne d'alarmes de 7.000.

Les actions des téléphones donnent un dividende de 25 p. 0/0 ; celles de la Société d'électricité Edison, 12 p. 0/0 ; voilà qui donne bien une idée de la prospérité industrielle et commerciale de cette incomparable cité.

La manufacture des montres Elgin en produit 2.000 par jour, et chaque ouvrier fabrique, dans un espace de temps de huit heures à peine, une montre entière, là où avant il fallait plusieurs mois à un ouvrier expérimenté.

On sait que l'Amérique est le grand fournisseur de farine du monde ; le marché le plus important des blés et des farines est celui de Minneapolis, sur le Mississipi, qui a 10 moulins à farine, dont le plus important est le moulin Pittsburg, qui produit 4.000 barils de farine par jour et reçoit 960 tonnes de blé qui sont transformées en farine ; sept compagnies de chemins de fer y ont un embranchement qui y font entrer chaque jour 200 wagons apportant les blés et emportant les farines. La vallée seule du Mississipi, peuplée de 20.000.000 d'agriculteurs, produit plus de blé et de bétail que n'en exigent les besoins des États-Unis.

Chicago a son Bois de Boulogne et ses Champs-Élysées, le Lincoln-Park au nord, le Jackson-Park au sud, et un autre parc remarquable situé près du port principal de la Chicago-River et le lac Front. Le Lincoln-Park, qui longe le lac Michigan, par ses dunes boisées, ses vallons, ses ruisseaux et son jardin zoologique, est très pittoresque ; on y remarque la statue de La Salle, le premier navigateur européen qui descendit le Mississipi jusqu'à son embouchure.

Ce parc ravissant fut créé par Patter-Palmer, il est entouré de belles avenues ombragées, où se sont élevés des splendides hôtels appartenant à Van der Bildt, le milliardaire, à Georges Pulmann, le grand constructeur de vagons de luxe (appelé le roi des chemins de fer), dont les usines importantes situées près de Chicago sont des plus intéressantes à visiter. Nous y avons vu des nouveaux modèles de wagons d'un confortable inouï, dotés de salles à manger, bibliothèques, salons, water-closets très luxueux, chambres avec salles de bains, le tout éclairé admirablement par l'électricité.

L'autre grand fabricant de wagons, aussi bien connu, M. Wagner, a son usine à Buffalo, près du Niagara. Ces deux fabricants ont toujours d'importantes commandes à exécuter pour les nombreuses compagnies de chemins de fer américains.

Au commencement du siècle, les Américains catholiques étaient au nombre de 25.000 ; un évêque et trente prêtres suffisaient pour le service des âmes; les catholiques sont aujourd'hui 10 millions de fidèles, ils ont 90 évêques et 9.000 prêtres qui s'habillent en civils.

Leurs églises et leurs séminaires se multiplient; ils ont fondé aux portes de Washington une Université qui assure à leur enseignement toutes les suprématies de la science moderne ; Mgr Keane le dirige.

Voilà ce qu'est devenu ce camp indien, poste de traitants, aux modestes fortins de bois, tête de ligne d'un petit canal, joignant la vallée du Mississipi à celle du Saint-Laurent. Cette ville, où il se fait maintenant un chiffre d'affaires annuel dépassant 7 milliards, est celle que les États-Unis ont choisie pour y fêter le quatrième centenaire de la découverte du Nouveau-Monde.

Aussi les Américains sont-ils satisfaits du développement prodigieux de cette cité, création d'un genre jusqu'ici inconnu, car on recherche vainement dans l'histoire la trace d'un phénomène analogue ; les capitales de la Perse, Ninive ou Babylone, le siège des Pharaons, les villes illustres de Grèce, Rome qui commanda au monde, nos capitales modernes en Europe ou en Asie peuvent se flatter d'avoir eu à un moment les proportions dignes de fixer l'attention; mais nulle part on assiste à une croissance aussi gigantesque dans un aussi court délai.

Après Londres, Paris, New-York, Chicago arrive au quatrième rang, et ce développement colossal, toujours en pleine activité, n'a pas encore atteint son apogée.

Les Chicagoains aiment à dire, et ils ont raison, que ces succès multiples sont dus à l'initiative et l'énergie de ses habitants. Sans aucun doute, stimulé par la richesse, ils travaillent à obtenir ces résultats merveilleux.

Il est certain que d'autres villes américaines placées dans des conditions aussi avantageuses, n'ont pas su tirer profit de leur situation. Mais l'énergie ne sert à rien quand les outils manquent. Or, depuis un siècle, deux nouvelles forces qui sont deux leviers puissants : la vapeur, force physique, qui permet à l'homme de se transporter sans fatigue et sans perdre de temps vers des régions réputées jusqu'alors inaccessibles ; la liberté, force morale, qui permet à l'homme de se mouvoir plus facilement et de donner cours aux fantaisies de son génie.

C'est en présence de ces deux leviers puissants que la race européenne, sortant de sa vieille tranquillité, s'est mise à émigrer par millions, cherchant un nouveau champ d'exploitation, et a transformé ce vaste domaine en un empire riche et florissant. Chicago en est l'exemple.

Car, comme nous l'avons déjà dit, c'est Pierre Moreau La Taupine, qui y construisit la première cahute, et Pointe de Sable y bâtit la sienne sur la rive nord, à 100 mètres du lac, et, sur la rive sud, le gouvernement des États-Unis y construisit le fort Dearborn.

Les principales rues de la ville portent les noms d'anciens présidents, tels que Washington, Madison, Monroë, Adams, Jackson. D'une rue à l'autre, ce qui forme un bloc, il y a cinquante maisons ; chacune de ces maisons ajoute au numéro de la rue le numéro qui lui est propre dans le bloc ; ainsi, par exemple, le numéro 22.43 de Michigan-Avenue, indique que la maison est la 43ᵉ après la 22ᵉ rue sur l'avenue Michigan ; de la sorte, on est très vite fixé sur la situation et sur l'éloignement de l'immeuble dont il s'agit. Est-ce assez simple et pratique ?

Le centre de la ville est exclusivement affecté aux gares, hôtels, bureaux, banques, maisons de gros et magasins de détail. La vie en appartement y est pour ainsi dire inconnue ; chaque Américain tient à avoir un intérieur à lui, où il n'est gêné par personne, un home, comme il appelle son foyer.

La rive nord, c'est le faubourg Saint-Germain de Chicago. L'avenue qui borde le lac est des plus réussies ; comme sur les bords de la Néva de Saint-Pétersbourg, on y voit de magnifiques demeures, toutes luttant de richesse dans la variété des styles, et encadrées de verdure.

Il y a dix ans, cette belle avenue d'aujourd'hui n'était qu'un affreux marécage, personne ne voulait y habiter; c'est grâce à M. Potter-Palmer, cet homme bienfaisant si connu, que ce quartier se créa; il ne put trouver d'associé pour cette entreprise qui devait cependant produire des bénéfices considérables. Aujourd'hui, on s'y dispute à prix d'or les terrains qui restent, on y a élevé le palais archiépiscopal catholique sur l'emplacement d'un ancien cimetière. Nous remarquons dans cette avenue la propriété du général Mac-Clurg, un homme de goût, dont la façade ressemble à quelque château de la Loire; le grand cottage gris de Mac-Veagh, un chef-d'œuvre; le manoir si hospitalier de l'honorable M. Potter-Palmer, avec ses fiers créneaux et ses hautes tourelles; au-dessus des massifs d'arbres qui l'entourent, la maison en briques rouges de Robert Lincoln, le fils de l'ancien Président qui fut le libérateur des esclaves.

Dans l'avenue de La Salle, la remarquable villa Médicis de J.-Mac Gregor, et dans Michigan-Avenue, en face de l'opulente demeure de Georges Pulmann, s'élève une des habitations les plus gracieuses par le goût qu'a déployé l'architecte dans cette construction Renaissance française, qui appartient à W. Kmiball. Nous avons énuméré les principales curiosités de cette cité, devenue célèbre dans le monde entier, pour les facilités avec lesquelles s'obtiennent le divorce.

La loi de l'Illinois est en effet fort commode. L'abandon de l'un ou l'autre des époux, ne fût-il qu'imaginaire, suffit pour obtenir le divorce. Aussi, de tous les coins de l'Union, les époux mécontents viennent-ils s'installer dans les hôtels de Chicago. Après trois mois de résidence séparée, sommation est faite dans un journal au conjoint absent d'avoir à rejoindre au plus tôt la chambre conjugale ; constat d'absence et publication sont remis au juge ; sur quoi le divorce est prononcé. Aussi est-ce à Chicago que viennent les époux mal assortis. La cour des divorces est dans Court-House ; de là la légende :

« Chicago, quinze minutes d'arrêt, divorce. »

Conquérir son million de dollars dans n'importe quelle entreprise, telle est la naturelle ambition de tout jeune Chicagoain.

Dès que le jeune homme a grandi, reçu une bonne éducation universitaire, conquis ses diplômes, ses parents ne lui font ni pension ni rente ; on l'envoie dans l'ouest ; si on le garde près de soi, on le place dans un magasin de nouveautés, dans une pharmacie d'avenir, dans un débit de charbons ou chez un épicier en gros.

Humilié, le jeune homme, pas du tout !

Il supputera que le patron est millionnaire, qu'il quittera bientôt son magasin, ou qu'il a chance de devenir son associé. Combien de ces jeunes gens, entrés comme simples employés, sont devenus des associés et sont aujourd'hui sur le chemin de la fortune !

Il n'y a pas d'hommes de loisir à Chicago ; chacun

a un bureau en ville, chacun travaille, ou au moins fait semblant, car l'homme inactif, oisif, est considéré comme un être maladif, infirme, pour lequel on n'a que de la pitié. L'insuccès n'est pas une excuse, au contraire ; un négociant fait faillite deux ou trois fois, il n'est pas blâmé, loin de là ; il se remet au travail, on l'approuve et on l'encourage. Jamais on ne lui reproche ses infortunes commerciales.

Un des grands commerces consiste à acheter et revendre des immeubles. Les 46.650 hectares de terrain qui en 1823 ne valaient pas 12.000 francs représentent aujourd'hui, même à 100 francs le mètre (et il s'en est vendu jusqu'à 13.000 francs le mètre), une valeur de 46.500.000.000, tandis que le sol de Paris avec ses constructions est évalué à 17.200.000.000, les 83.000 maisons comprises. Sous Henri IV, rue Jacob, le terrain se vendait de 60 centimes à 4 francs le mètre, en 1606 la reine Marguerite de Valois acheta le Pré aux Clercs à 17 centimes l'arpent ; en 1623, Marie de Médicis pour le Jardin du Luxembourg acheta 8 hectares à 9 centimes le mètre ; en 1633, Anne d'Autriche paya 75.000 francs l'abbaye du Val-de-Grâce pour y créer l'hôpital militaire ; en 1630, faubourg Montmartre, le terrain valait 53 centimes le mètre et, en 1640, 3 fr. 90. Aux alentours, le terrain, plaine saint-Denis, se vendait 1 centime ; le domaine de la Muette de Passy, (15 hectares) fut payé 800.000 francs en 1803 par Erard le propriétaire actuel, M. le comte de Franqueville, en a refusé 30 millions il y a trois ans.

A Chicago, le prix du terrain se fixe au pied carré, et le pied s'y vend couramment, dans le quartier des affaires, 2.500 dollars, soit 10.000 francs le mètre. Le terrain que nous avons vu, sur lequel est bâtie l'imprimerie du journal *L'Interocéan*, au coin de Madison et de Dearborn-Street, a été vendu, en juin 1892, 13.000 francs le mètre, et ce prix fabuleux n'a pas été payé par un fou, mais bien par M. Marshall-Field, l'homme qui passe pour le plus prudent administrateur de sa fortune. A Londres, ce prix a été dépassé dans Lombard-Street, cité de Londres ; 57 mètres de terrain ont été vendus 1.890.000 francs, soit 33.000 francs le mètre.

L'ascenseur, qui joue un rôle si important dans l'augmentation du prix du sol, n'occupe pas une place moins utile dans une autre branche d'affaire, entièrement productive à Chicago : le commerce des grains, qui a pour base l'entrepôt moderne des céréales. L'élévateur à grains est un ensemble de puits hauts de 20 mètres, juxtaposés et supportés en l'air par des charpentes ; au-dessous de ces puits, les vagons, les voitures arrivent, déversent le grain sur le sol dont les pentes sont dirigées vers l'ascenseur ; une simple chaîne à godets, mue par la vapeur, monte le grain au grenier, où il est jaugé et pesé, de là coule par un entonnoir dans le puits qui lui est destiné ; de cette façon la main-d'œuvre est réduite à son minimum.

S'agit-il, non de recevoir, mais d'expédier du grain, c'est le fonds du puits qui s'ouvre, et la chaîne à go-

6.

dets remet le blé à la jauge et à la pesée ; un autre tube, toujours sans main-d'œuvre, le déverse dans le bateau, le train ou le chariot qui doit l'emporter.

Voilà l'idéal aux États-Unis : réduire la main-d'œuvre qui est si coûteuse.

La Bourse aux céréales (le Board of trade) est incontestablement le plus grand marché du monde pour les céréales ; on peut, en une seule séance, y vendre ou y acheter, sans la moindre gêne et sans la moindre action sur les cours, toute la récolte d'un État. Reçoit-on de Marseille l'ordre d'acheter 10 millions de boisseaux, qui représentent la consommation de Paris pendant un an, le courtier prend des livraisons à terme qui s'offrent toujours en quantités illimitées.

Les haussiers se livrent à d'énergiques batailles contre les baissiers ; il n'est pas rare de voir d'immenses fortunes perdues en un jour. Les joueurs heureux sont nombreux, et on nous montre autour de la corbeille des hommes comme Hutchinson ou Partridge qui disposent de millions, les gagnant ou les perdant avec un calme et une indifférence admirables.

Les magasins de nouveautés ont été une mine d'or pour ceux qui les ont créés ; celui de Marshall-Fild ne vend que de bons articles, mais chers ; c'est la mode d'aller chez lui et la mode se paie. The Fair, celui qui a brûlé, appartenait à M. Lehmann, un juif celui-là. La maison Montgomery Wand and C° vend de tout, et chacun s'intéresse à ces fortunes locales, sans jalousie, sans envie, car tous constatent qu'elles sont faites à force de travail, d'énergie et d'intelligence. Ces exemples agissent vivement sur l'imagination de la jeunesse, toujours ambitieuse d'arriver à marquer dans l'histoire de la ville.

Les tueries de porcs

L'industrie qui fait la gloire de Chicago est représentée par des établissements de premier ordre ; c'est, du monde entier, le premier entrepôt pour les grains et les farines. Parmi ces établissements qui tiennent la tête, il faut citer les marchands qui font l'abattage des animaux, bœufs et porcs; les immenses parcs à bétail appelés Union-Stocks-Yards occupent un espace de 138 hectares, les abattoirs et fabriques de conserves livrent annuellement au commerce 500.000 tonnes de viande et un milliard de boîtes de viandes conservées, soit pour une valeur dépassant un milliard de francs. Ainsi, comme importance et différence avec Paris, il est tué à Chicago dans une année 3.250.329 bœufs, et à Paris seulement 294.119; pour les porcs 8.600.805, à Paris 445.661 ; pour les moutons 2.153.537, et à Paris 1.070.574. Ces chiffres sont éloquents et donnent bien une idée du colossal trafic auquel ce genre de commerce sert de matière.

Les viandes, après avoir été abattues et manufacturées, se répandent ensuite sur le globe entier ; nous les savourons à Paris sous les noms de jambon d'York; la plus grande maison d'abattage parmi les vingt-six qui existent est celle d'« Armour » ; viennent ensuite celles de Swift, Nelson et Morris, qui ont une réputation universelle.

Le directeur de la maison Armour a compris que d'admettre le public à visiter, à assister à l'exécution rapide des porcs, au dépeçage, à la manipulation des viandes, à la cuisson et à la mise en boîtes, constituait pour cette colossale fabrique de jambons la meilleure des réclames. Aussi, est-ce facilement que nous avons été admis à visiter cette grande tuerie ; cette promenade, à travers cette maison de sang nous reste comme un des souvenirs les plus étranges de notre voyage. C'est principalement du Texas que viennent les porcs noirs. L'usine Armour, à elle seule, en tue environ 6.000 par jour, et 1.200 bœufs. Une partie des viandes dépecées est mise ensuite dans des pièces spéciales et conservée au moyen d'appareils frigorifiques. En 1888, Armour tua lui-même le porc qui faisait le chiffre de 10 millions, abattus jusqu'à ce jour dans son usine. On prétend que son bénéfice annuel est de 5 millions. M. Armour déclare qu'il ne gagne que 10 francs par bœuf; mais comme dans une année il en tue 385.000, cela fait déjà de ce chef près de

4.000.000; ensuite il tue plus de 1.500.000 porcs, ce qui fait que le bénéfice même de 5 millions doit être dépassé. Il possède déjà 200 millions, fortune faite en trente années!

Les porcs destinés à être tués sont dans une espèce de fosse; un croc mobile qui s'abaisse saisit l'animal par une corde qui lui lie les deux pattes de derrière; la tête pendante, les deux pattes de devant agitées, l'animal pousse des hurlements; mais, aussi rapide que l'éclair, il est lancé sur une tringle jusqu'à l'enclos voisin où un homme, d'un mouvement automatique, répété toutes les minutes, l'égorge avec un long couteau. Le coup donné avec dextérité est si sûr que jamais il n'est répété. La bête pousse un dernier et terrible hurlement, le sang jaillit, c'est le spasme de l'agonie; l'animal continue à glisser sur la tringle jusqu'au deuxième bourreau qui, d'un coup rapide, le détache; le croc remonte, et le corps vient tomber dans un récipient rempli d'eau bouillante; un rateau mécanique tourne et retourne la bête qui, ainsi lavée, est rejetée à une autre machine armée de lames tranchantes qui rasent le supplicié de la queue à la hure; renvoyé plus loin, il est fendu en deux, plus loin dépecé, ensuite haché, et enfin mis en boîte. Tout cela est fait avec une rapidité et une dextérité étonnantes; l'opération est si foudroyante que l'on n'a même pas le temps de s'apitoyer sur le sort de ces bêtes. De là nous passons dans le département des bœufs; c'est plus terrible encore; point d'attente nerveuse; les bœufs sont parqués deux par deux ; l'assommeur, debout, est placé dans un couloir au-dessus d'eux ; il attend que la bête soit bien posée ; il tient à la main une masse d'acier très mince qui tout d'un coup se lève et retombe en frappant au front le bœuf qui tombe aussitôt ; il est immédiatement enlevé par un croc, et là un autre tueur détache la peau, en fait un tablier, fend le corps en deux, le vide, et toujours par le système des tringles l'envoie dans les chambres de glace, où déjà des milliers attendent pour être mis en wagons et partir. Les wagons sont remplis, la locomotive siffle, et le train s'ébranle pour New-York, Boston et Philadelphie.

Nous revenons dans la tuerie des porcs, et nous restons à nouveau étonnés de l'ingéniosité avec laquelle s'accomplit le dépeçage, l'empaquetage de cette quantité prodigieuse de viande ; nous voyons entrer les porcs qui ressortent en jambons, saucissons, saucisses et saindoux. Plus loin, des hachoirs, mus mécaniquement, fabriquent la chair à saucisses ; les boyaux pour les saucissons sont aussitôt remplis ; la tête et la hure sont nettoyées, grattées et parées ; d'énormes récipients recueillent la graisse qui, mélangée avec des crêmes, fait la margarine. Tout cela s'accomplit avec simplicité et précision, sans que rien soit perdu ; chaque membre de l'animal est détaché et utilisé, sans qu'un tendon ou un os ne soit utilisé ; d'un coup automatique, un ouvrier sépare les jambons, puis les pieds, et les jette dans les chaudières qui vont les cuire.

Toutes les machines perfectionnées employées dans cette vaste et unique usine ont été inventées par les ouvriers ; voilà ce que ces hommes demandent à la machine qui, pour eux, prolonge, multiplie, achève le geste de l'homme. Comme ils excellent à mêler leurs efforts personnels, les complications de la mécanique ! et comme ils ont le pouvoir de l'initiative, de vision directe et d'ajustage ! Le budget des ouvriers s'élève par année à 27 millions. Le nombre des hommes employés dans ces parcs à bétails et dans les tueries est de 25.000. On peut y recevoir 150.000 porcs et 30.000 moutons ; les six usines tuent environ 20.000 porcs par jour.

Après avoir visité les parcs aux bestiaux, notre guide nous emmène dans une imprimerie ; ici comme partout, nous sommes étonnés de la rapidité foudroyante avec laquelle les machines exécutent. Pour l'Américain, le temps est si précieux qu'il ne faut pas que les ouvriers et rédacteurs puissent sortir ; ils ont leur bar et leur restaurant ; il faut que l'impression des gravures dont les Américains sont si friands n'attende pas. Le journal a sa fonderie pour les caractères, une véritable usine où le plomb bouillonne dans les cuves ; jusqu'à la dernière seconde, les nouvelles sont recueillies de tous côtés, comme l'eau dans le désert, sans qu'il s'en perde une goutte, car partout le journal est muni d'appareils télégraphiques et téléphoniques ; il peut communiquer avec le monde entier. L'énorme machine qui imprime 70.000 numéros en deux heures fonctionne ; le bruit formidable qui s'en dégage ressemble à celui des chutes du Niagara, le papier qui se déroule et court pour entrer dans cette machine semble, en effet, de l'eau qui fuit. Un insaisissable métal en fusion qui tourbillonne ; on voit le papier qui passe, qui se tord, des pièces d'acier qui jouent, et à l'extrémité une bouche qui vomit seize pages de journal prêtes à partir.

La machine a pris la feuille, l'a tournée, retournée, imprimée sur l'endroit, sur l'envers, puis coupée, placée, tout cela avec une précision et une rapidité étonnantes ; c'est un multiplicateur de pensées. Comme on le voit, en tout et pour tout, la maxime américaine est : « En avant ».

Le reporter américain demeure anonyme, même quand il reproduit des nouvelles qu'il n'a conquis qu'à force d'astuce et d'énergie. A New-York, le journal le « *Herald* » a quarante pages, avec des gravures.

Tout grandit ici avec rapidité, les villes poussent avec des énergies de plantes du tropique ; car, il y a quarante ans, qu'étaient Chicago, Saint-Louis, Saint-Paul, Minneapolis ; grâce au chemin de fer, tout s'est développé, fortifié et augmenté ; tout s'y fait à la vapeur, comme disent les Américains.

« Chicago, quinze minutes d'arrêt, divorce. »

Tout aussi y marche à la vapeur. Il faut voir ces tramways électriques qui traversent la ville en tous sens ; le mot complet est inconnu ; les tramways ne s'arrêtent qu'aux blocs déterminés ; mais en cours de route, monte qui veut, c'est plein, ce n'est pas l'affaire du conducteur. Un voyageur est-il monté que l'employé vient y percevoir sa place ; au voyageur de se caser où il peut, sur les côtés extérieurs, dessus, suspendu au marchepied, où il voudra ; c'est à ses risques et périls, et, chose incompréhensible, nulle part ces tramways n'ont d'impériale. Les cars doivent contenir quarante places, et il y a quatre-vingts voyageurs ; aussi quel coup d'œil de voir ces grappes humaines !

Les trois compagnies de tramways de Chicago ont transporté du 1er mai au 1er novembre 1893, 176.921.000 voyageurs, pendant les six mois de l'Exposition. Pendant le mois d'octobre, il a été transporté 33.396.000 voyageurs, soit plus de un million par jour ! Ce qui correspond à une recette journalière de 250.000 francs. Le prix uniforme des places étant de 5 « cents », soit 0 fr. 25. Mais la plus forte recette a été pour la journée du 9 octobre, où le nombre de voyageurs a atteint 1.466.298. Il n'y a qu'à Chicago que l'on peut atteindre de pareils résultats ; aussi ce jour-là les entrées à la World's Fair ont été de 761,942 personnes, et, comme le prix du ticket était un demi-dollar (soit 2 fr. 50), la recette avait donc été approximativement de 1.954.355 francs.

Ainsi dans State-Street, une des rues les plus fréquentées de Chicago, les tramways à câbles électriques se succèdent aux heures les plus chargées de la journée toutes les vingt secondes d'intervalle. Chaque train se compose d'une voiture à grip, en remorquant deux autres. Les voitures sans impériale, avec leurs marchepieds, représentent 150 places ; soit 450 par minute et 27.000 par heure. Aux heures de sortie des bureaux et des théâtres, toutes les places sont rapidement enlevées. Mais grâce à la traction mécanique par usine centrale, câbles ou électricité, qui permet de proportionner instantanément la puissance au besoin, le service est toujours assuré et l'écoulement des voyageurs obtenu avec une rapidité et une commodité à laquelle la Compagnie d'omnibus de Paris devrait bien songer.

Dans Brodway, à New-York, nous avons vu un dimanche vingt-deux tramways se succéder sans interruption : une foule s'est-elle portée sur un point quelconque à l'heure de la rentrée, on téléphone dans les dépôts, et autant de voitures nécessaires sont mises à la disposition du public : voilà le meilleur réglement ; il est plus pratique et plus intelligent que celui de la Compagnie de Paris, où, tous les dimanches, à certains endroits, la foule se porte, comme à l'Étoile et au Champ-de-Mars, qui ne ferait pas partir ses voitures, malgré qu'elles soient complètes, une minute avant l'heure réglementaire.

C'est bien là où, en toutes choses, on reconnaît l'administration française.

Au centre de la ville, les tramways passent sous la rivière ; dans les dépôts nous avons vu des voitures remisées par des monte-charges au premier étage et les chevaux remontés dans leur écurie au deuxième étage.

Comme on le voit, les Américains sont toujours pratiques ; tout s'y accomplit sans bruit, avec sang-froid et précision.

Les maisons roulantes !

Rouler des maisons en France, c'est un mystère !

Dans Laffin-Street, un chemin de fer doit passer, huit maisons se trouvent à un certain endroit sur le tracé de la ligne, on prévient les propriétaires ; que faire ? C'est bien simple, répond la Compagnie, nous allons vous acheter un terrain plus grand dans le même quartier et y transporter votre maison. Nous y avons vu rouler une de ces maisons et mise en place sans qu'un carreau ait même été cassé.

Un autre propriétaire avait traité avec la Compagnie pour son compte ; il va trouver l'ingénieur architecte qui lui demande 200.000 francs pour lui reconstruire ailleurs le même immeuble. La Société des maisons roulantes lui demande 100.000 francs pour transporter sa maison : il n'y a pas à hésiter, il se décide à la faire rouler jusqu'au nouveau terrain qu'il a acheté.

Nous sommes allés, un dimanche matin, voir cette maison, et comme les ouvriers ne travaillaient pas, elle était là, au milieu de la rue, barrant le passage ; nous dûmes, le lendemain matin, y retourner pour la voir cette fois rouler, et nous allons décrire la façon dont s'opère ce transport.

Transporter des maisons d'un point à un autre est devenu, en Amérique, une chose facile qui se produit maintenant tous les jours ; rien n'est impossible à ces « house-movers » du Nouveau-Monde.

Un corps de bâtiment occupant quatre numéros, dans Laffin-Street, presque à l'angle de Van-Burren-Street, à l'ouest de Chicago, se trouvait sur le passage du chemin de fer métropolitain. La construction solide en granit et en briques comprenait trois étages élevés sur sous-sol, ayant 28 m. 65 en longueur, 25 m. 60 en profondeur et 15 m. 40 en hauteur au-dessus du sol. Elle comprenait quatorze appartements de huit chambres chacun, soit 108 chambres ; son poids était de 8.100 tonnes ; elle avait coûté 240.000 francs à construire. La Société du chemin de fer métropolitain, pour cause d'expropriation, l'acheta à son propriétaire 315.000 francs, et l'entrepreneur chargé de la transporter à 106 mètres plus loin demanda 100.000 francs. Voici comment l'on procède pour le bâtiment de Normandy-Apartement Building.

On commença par percer des trous dans les murs au ras du sol, afin d'y placer des poutres en bois de 30 centimètres de côté, qui dépassaient de 1 m. 50 à l'extérieur; on plaça ensuite des poutres transversales de o m. 36 de côté au-dessus des premières et passant également à travers les murs de la maison; on obtint de la sorte une plate-forme ou raquette sur laquelle la maison devra reposer pendant le transport. Sous cette plate-forme on dispose des vérins, puis on coupe les murs à la hauteur des premiers trous effectués; la maison se trouve donc ne reposer que sur la plate-forme, fixée seulement par son poids, car aucun étai ne le soutient. Il faut ensuite le soulever de 1 m. 10, afin de pouvoir établir le lit inférieur de charpente sur lequel doivent reposer les rouleaux de glissement ; 700 vérins sont nécessaires. Une fois ceci fait, on remplace peu à peu les vérins par des rouleaux convenablement placés sur des poutres, puis le travail de glissement commence. La force motrice se compose de douze vérins de 2 m. 45, placés presque horizontalement; ils appuient à une extrémité sur la maison, et à l'autre extrémité sur des pieux solidement fichés en terre et maintenus par des chaînes attachées aux poutres de la plate-forme inférieure sur laquelle roule la maison. Lorsque celle-ci a fait un chemin de 2 m. 10, les vérins qui se trouvent à bout de course sont de nouveau avancés, et un nouvel espace de 2 m. 10 est parcouru. On avance ainsi de 6 m. 10 par jour en moyenne; la masse de brique et de granit s'avance lentement; chaque vérin est actionné par un homme.

Deux choses sont essentielles au succès de l'entreprise, pour éviter la torsion et la destruction complète de la structure : c'est que la plate-forme de glissement soit parfaitement horizontale, afin que le poids de la masse entière se répartisse également sur tous les rouleaux, et que tous les hommes agissent avec un ensemble parfait, et suivant la lettre des instructions reçues. Un ingénieur commande les travaux et en surveille l'exécution ; le tout s'effectue sans bruit et sans hâte. Vingt-quatre ouvriers suffisent à la besogne, douze sont employés à tourner les vis des vérins, ce qui ne leur demande qu'un effort très minime ; les autres sont chargés de construire le lit de glissement inférieur, qui est fait en poutres de 0 m. 20 de côté. Plus de 500.000 pieds carrés de charpente sont employés ; les poutres sont simplement posées les unes sur les autres ; les poutres de chaque rangée étant rectangulaires avec celles de la rangée précédente. Pour obtenir une horizontalité parfaite, ces poutres sont calées avec le plus grand soin. Les cales employées n'ont souvent que l'épaisseur d'une feuille de carton ; de la sorte, non seulement aucune fissure ne s'est produite dans les murs, même pas une vitre n'a été cassée : c'est un résultat remarquable. La forme du terrain où la maison voyage nécessite de la faire tourner à angle droit, le changement de direction étant une des parties les plus délicates du travail.

On commence par faire mouvoir la maison parallèlement à sa direction première, jusqu'à ce que l'axe longitudinal de la construction ait atteint l'axe transversal des nouvelles fondations ; ensuite on modifie au fur et à mesure la direction des rouleaux et l'amplitude de la course des différents vérins ; on lui fait prendre sa direction définitive. De solides fondations en pierre ont été faites sur le nouvel emplacement que la maison doit occuper ; l'opération totale a duré, pour le transport de cette maison, soixante jours, et la maison a été parfaitement remise en place. Le transport d'une autre maison a offert certaines difficultés ; l'immeuble à faire mouvoir se composait de deux corps de bâtiments contigüs, munis chacun d'une aile arrière, égale à la moitié du corps principal correspondant. Il ne se trouvait dans le voisinage aucun terrain assez vaste pour recevoir cette construction entière. On commença donc par couper le bâtiment en deux, au moyen d'une section verticale faite dans les murs ; puis on transporta les deux moitiés, l'une d'un côté de la voie projetée, l'autre de l'autre, en suivant les mêmes procédés que nous avons indiqués. Mais en cet endroit, la voie faisant un coude, l'aile arrière d'un des bâtiments s'y trouvait encore faiblement engagée. L'ingénieur, que cela n'embarrassait pas, fit abattre, le long du corps de bâtiment principal, et sur toute la hauteur, une portion triangulaire analogue à une part de gâteau ; puis il fit tourner le restant autour de la ligne de jonction des deux corps de bâtiment comme charnière. L'opération a parfaitement réussi, et l'ensemble de ces travaux n'a coûté que le quart du prix d'achat de la propriété.

Mais le succès de rouler les maisons ne s'est pas arrêté là : Vous plaît-il d'agrandir votre immeuble devenu trop petit par suite de l'accroissement de votre famille, on vous enlève votre maison du sol, et on y construit dessous un étage supplémentaire, et, de ce fait, le rez-de-chaussée devient le premier étage.

Celle que nous avons vue dans Monroë-Street, près de l'Hôtel des Postes, avait une superbe toiture décorative. En France, pour surélever cette maison, il aurait fallu tout d'abord démolir cette toiture artistique et, de ce fait, subir une perte sérieuse. A Chicago, pas du tout ; la toiture est restée intacte par les moyens suivants. On ne surélève pas par le faîte, ce qui s'obtient cependant de la manière suivante : on coupe le toit, comme on enlèverait le dessus d'un pâté ; on l'élève au milieu de vérins jusqu'à la hauteur nécessaire à l'étage que l'on veut ajouter, puis l'on construit au-dessous. Mais le procédé le plus ordinaire est de faire la surélévation par la base. On coupe la maison de manière à pouvoir l'élever tout entière, de façon à construire le ou les étages inférieurs qui, ayant une plus grande valeur locative, paient mieux les travaux exécutés. La maison, que nous avons vue en voie de surélévation, avait quatre étages élevés sur rez-de-chaussée ; sa largeur était de 15 mètres 25, sa profondeur de 33 mètres 25 et sa hauteur de 30 mètres 50 ; elle pesait 6.000 tonnes.

Comme la valeur du terrain en cet endroit est au moins de 10.000 francs le mètre, le propriétaire résolut de faire surélever sa maison dont la location ne rapportait plus un intérêt proportionné avec la valeur du terrain. Le prix, pour faire un nouvel étage, revenait à 500.000 francs, et la location produisait 125.000 francs par an. Les moyens employés pour la surélévation par la base de cette maison sont les mêmes; on commence par établir une plate-forme sur laquelle doit reposer le bâtiment pendant l'exécution des travaux; on coupe ensuite les murs, et le travail de surélévation commence. Il se fait au moyen de vérins courts qui reposent à leur partie inférieure sur une plate-forme en charpente. Lorsque les vérins sont arrivés à bout de course, on place sur la plate-forme inférieure une ou deux rangées de poutres, et l'on recommence ainsi pas à pas jusqu'à ce que la hauteur atteinte soit suffisante. Mais comme cette construction était ancienne, il a fallu prendre des précautions particulières, 1.840 vérins étaient manœuvrés par 130 hommes, et ce n'est qu'en onze jours que le bâtiment a pu être élevé à 4 m. 56 au-dessus de son niveau primitif. 152.400 mètres de charpente ont été employés pour établir la plate-forme inférieure. C'était un travail très important à exécuter. Si la construction avait été plus solide, les travaux nécessaires auraient pu se faire avec moins d'hommes et eussent été moins coûteux.

Et, chose surprenante, les glaces de plusieurs mètres

de long qui garnissaient les devantures des magasins n'ont pas été fêlées pendant les travaux.

Chicago possède 300 églises de différents cultes, 100 maisons de banque; le commerce qui s'y fait est d'une importance telle que le chiffre d'affaires atteint 7 milliards de francs par an.

La bienfaisance à Chicago

Si Chicago est industriel, il est aussi bienfaisant et s'occupe de ses pauvres et de ses misères. Les dames de la Flower-Mission y ont créé des établissements de toutes sortes pour les déshérités. Ces fondations sont dues à la bienfaisance privée, et le budget de ces divers établissements est annuellement de 12 millions, joli denier pour une ville qui n'a pas quarante ans d'existence.

L'Association chrétienne des jeunes femmes a été organisée en 1876; elle a pour but de les préparer au bien moral, religieux et intellectuel, spécialement de celles qui dépendent, pour vivre, de leur propre activité. Plusieurs comités se partagent les plus importantes branches de l'organisation, hôpital, placements, visite des malades, maisons de séjour, bibliothèques et aides de voyages ; il y a de quoi faire. L'Exposition de Chicago se présente, une création est aussitôt décidée, une construction est faite, et le hand-book annonce que l'on pourra y recevoir 1.000 unchaperoned (jeunes filles) qui viendront seules visiter l'Exposition ; et encore n'avaient-elles que l'embarras du choix, puisque six autres associations philanthropiques offraient les mêmes avantages.

L'esprit le plus libéral préside à ces fondations. C'est ainsi que la « Chicago-Heberw » a été fondée par les diverses églises évangéliques de la cité. Un intendant et six médecins dirigent les distributions, et ce, sans recevoir d'appointements. Six gardes-malades vivent à la Mission pour aller au premier appel visiter à domicile les pauvres malades ; elles reçoivent vingt-huit appels par semaine, et l'école de couture y accepte 75 enfants.

Tous les vendredis, une école du soir enseigne la langue ; des bains libres existent ; tout cela est alimenté par la charité. En 1891, la Mission a reçu comme dons 8.025 dollars. C'est la course à la charité dans ce pays si souvent dépeint comme livré à l'individualisme le plus âpre ; non seulement la bienfaisance y est aussi énergique dans sa vitalité que le commerce, mais elle sait de plus revêtir des formes charmantes. Nous n'avons rien, en France, ni même à Paris, de semblable à la Flower-Mission (Mission de la Fleur) ; rien en plus comme Hull-House, qui n'a d'analogue que Toynbee-

Hall de Londres, et le collège de Settlement, de New-York.

La Mission de la Fleur a pour objet de distribuer des bouquets et des fleurs chez les pauvres et dans les hôpitaux. La Société a des dépôts dans les villes suburbaines où, chaque semaine, des boîtes et des grands paniers de fleurs sont envoyés. Chaque vendredi, les dames se réunissent, préparent les corbeilles et les fleurs que les compagnies de colis-postaux transportent gratuitement. Est-ce assez philanthrope?

Du 15 mai au 15 octobre 1891, 16.568 bouquets, 161 boîtes et 89 corbeilles ont été distribuées; la dépense totale n'a été que de 400 fr. 75, et cette œuvre en action a déjà vu tripler sa valeur dans une seule année.

C'est pourquoi, en visitant les « homes » des femmes âgées et des enfants abandonnés, nous avons vu sur chaque commode, dans leurs chambres, sur les tables des réfectoires, et un peu partout, ces petits bouquets, note riante de la fleur. Quelle délicatesse de savoir faire plaisir à ces pauvres malheureux, qui, comme ils le disent, soignent bien les fleurs de ces dames!

C'est cette charité tout entière qui vient, non seulement apaiser les besoins, mais amener un sourire, un éclair de gaieté dans les yeux de ces déshérités. Allons, il faut convenir que l'œuvre de la Flower-Mission est charmante et d'une délicatesse de cœur étonnante.

En 1884, une dame de Boston, miss Quincy-Shaw,

soumit un projet d'ouvroir dans les écoles des ateliers d'éducation nouvelle.

Il s'agissait, dans sa pensée, de fonder des cours de cuisine, de tenue de maison, de lingerie, pour les jeunes filles; d'imprimerie, de menuiserie et de cordonnerie, pour les garçons. Elle a dépensé à cette œuvre un demi-million de dollars. Deux écoles de cuisine ont reçu 150 élèves. En 1886, une troisième école fut ouverte, la ville en ayant accepté les charges; les dames se mirent à la recherche d'une autre entreprise, à laquelle elles donnèrent leur énergie, leur temps et leur argent.

Après avoir enseigné l'art de la cuisine à la fille pauvre aussi bien qu'à la riche, celle-ci devient capable de diriger son intérieur et de contrôler ses domestiques. Cet enseignement sert aussi à combattre un des grand périls de la nation, la disparité excessive entre le riche et le pauvre.

Un citoyen de l'Illinois a donné à l'Université de Chicago 600.000 dollars, à la condition que d'autres personnes compléteraient le million. Eh bien! ce capital de cinq millions, et au delà, a été versé en un jour! Devant ce résultat immédiat, le premier donateur a augmenté du double sa donation; il a voulu assurer à sa ville un standard d'instruction supérieure.

On voit en toutes choses de quoi sont capables les Américains, et quel rôle y joue l'initiative privée.

Après la visite de ces établissements, nous allons voir l'immense magasin The Fair (le home de Chicago). La surface occupée par ce magasin de nouveautés est aussi grande que celle des magasins du Louvre à Paris. Comme au Louvre, on y trouve absolument tous les articles et même plus, puisque nous y avons acheté du tabac et des cigares (le commerce en est libre). Nous avons parcouru en tous sens cet immense magasin jusqu'au huitième étage. Afin que les clients n'y perdent pas de temps et puissent y faire leurs achats en toute tranquillité, un restaurant et un bar y sont installés, de manière qu'après déjeuner, vous voyez les femmes continuer leurs emplettes. Toujours le côté pratique américain qui se révèle partout : ne pas perdre de temps, car le temps, c'est de l'argent.

Quelques jours après notre visite, le magasin The Fair devint la proie des flammes.

Les magasins de nouveautés de New-York sont installés plus richement que ceux de Chicago ; tout y est à l'instar de Paris, avec cette différence que le personnel féminin qui y est employé est beaucoup plus heureux. Les jeunes filles arrivent à neuf heures du matin, et à six heures du soir, heure de la fermeture, elles deviennent libres. Dans leurs rayons sont installés de coquets tabourets en velours où elles peuvent s'asseoir à loisir quand elles ne sont pas occupées. A chaque étage, de gracieuses fontaines mettent à leur disposition, pendant l'été, de l'eau glacée.

Voilà de quoi faire rêver les jeunes filles employées dans nos grands magasins parisiens et vis-à-vis desquelles on n'a aucun égard. On a trop de cruauté pour toutes ces femmes obligées de rester debout de huit heures du matin à huit heures du soir. Nous nous sommes souvent indignés contre l'exigence de ces grands établissements qui, tous, réalisent d'énormes bénéfices et pourraient, en conséquence, avoir plus d'humanité pour leur personnel féminin. Que de jeunes filles entrent fraîches et bien portantes dans ces grands bazars pour en sortir étiolées, sans compter celles qui meurent à la peine !

N'y a-t-il pas de quoi s'insurger contre les directeurs de ces grandes maisons qui abusent ainsi de la jeunesse française, en la faisant travailler sans relâche de douze à quatorze heures par jour, quand, en Amérique, elles ne travaillent que huit heures tout en gagnant beaucoup plus ? Allons, messieurs les directeurs, il faut vous humaniser.

Les hauts fourneaux de Chicago sont des établissements modèles ; les chaudières sont chauffées au pétrole volatilsé par des jets de vapeur, ce qui donne un combustible d'une chaleur intense et d'une propreté parfaite. On y produit de la laine de fer en lançant de la vapeur à haute pression sur un filet de fonte liquide ; cette laine absolument semblable à du coton jauni est par excellence un corps non conducteur. Dans la manufacture de Mac Grégor Adams, il y a des raffineries d'or et d'argent.

La fabrique des moissonneuses-lieuses de Mac Cornuck occupe 3.000 ouvriers. Une moissonneuse est fabriquée en une heure ; tout cela est l'œuvre de la machine qui économise travail, temps et argent.

Les manufactures de chaussures ont un outillage tellement perfectionné qu'une paire de bottines est produite en quelques minutes. Toutes ces usines modèles que nous avons visitées sont étonnantes d'activité ; nous n'avons rien de comparable en France ; il faut bien le reconnaître, tout du reste facilite cette prospérité. Le marché des débouchés est immense ; la houille est de 10 francs la tonne, le gaz à 22 centimes le mètre, le gaz naturel à 10 centimes, et le pétrole à un très bas prix : ce sont là des ressources précieuses pour l'industrie.

L'ouvrier est bien payé ; il gagne de 1 fr. 50 à 2 francs l'heure et ne travaille que huit heures par jour ; un maçon gagne 3 dollars, son compagnon 2 dollars, les heures supplémentaires se paient le double. Pendant les travaux de l'Exposition, les entrepreneurs de peinture qui s'étaient engagés de livrer à date fixe les bâtiments terminés furent victimes de l'exigence des ouvriers qui profitèrent de la situation ; ils posèrent des conditions telles que les patrons furent obligés de les payer jusqu'à 40 et 50 francs par jour ! !

Voilà, comme en France, l'œuvre des syndicats et de la liberté est devenue en bien des choses de la licence.

Enfin, pour en terminer avec cette jeune et triomphante cité, nous devons dire qu'avec 50.000 francs de rente il ne faut pas songer faire figure à Chicago ; on y vivote avec beaucoup d'ennuis. Avec 50.000 francs de rente à Paris on est plus que millionnaire. A Chicago, on dit que l'on est millionnaire, quand on possède un million... de dollars, soit cinq millions de francs !! Énorme différence !

La World's Fair. — Exposition de Chicago. — La Foire du Monde.

Pour célébrer le quatrième centenaire de la découverte de l'Amérique par Christophe Colomb (ce qui est contesté, puisque les Normands la découvrirent cinq siècles avant, le fait est prouvé), qui le 12 octobre 1492 reconnaissait les terres occidentales, et pour fêter cette date primordiale dans l'histoire du Nouveau-Monde, le gouvernement a choisi la ville de Chicago pour y faire cette Exposition magnifique et grandiose, voulant surpasser celle de Paris. Comme, en 1876, Philadelphie avait été choisi pour célébrer le centenaire de la déclaration de l'Indépendance, il y eut cette fois rivalité entre New-York et Chicago, qui des deux l'emporterait.

Le Comité de Chicago avait à sa tête un des avocats les plus honorables de la ville, M. Thomas-B. Bryn, qui sut s'assurer le concours des hommes d'affaires les plus intéressés aux progrès de la ville, MM. Potter Palmer, Marshall-Field, Armour, etc., qui commencèrent par souscrire un million, et Chicago triompha de la vieille cité de New-York.

Dans cette cité, aucun enthousiasme n'existe chez ceux qu'elle abrite. A Chicago, au contraire, chacun sent son cœur battre quand il s'agit du succès de la ville ; il y a quelque chose de filial dans les sentiments que chacun ressent pour la cité ; aussi n'hésite-t-on pas à y aller de son argent dès que la ville doit en profiter. A New-York, c'est tout un autre sentiment : pourquoi contribuerait-on à la grandeur d'une cité œuvre d'ancêtres étrangers, qui est aux mains d'inconnus !

New-York, quoique cela, résistait et voulait accaparer l'Exposition. On offrit 25 millions, Chicago en offrit 50, et le 25 avril 1890 la Chambre vota le texte de la loi fédérale qui fut adoptée par le Sénat. Le Président Harrisson y apposait sa signature. La nouvelle fut accueillie à Chicago par des transports d'enthousiasme ; toutes les valeurs de bourse, tramways, gaz, brasserie, montèrent de 15 et 20 pour 100, et les loyers augmentèrent de 20 à 25 pour 100.

Le budget fut établi à 90 millions, et la présidence fut confiée à M. Gage, qui dirige la première banque nationale ; M. Baker lui succéda ; M. Ibiginbothan, l'associé de Marshall-Field, prit la direction de l'entreprise financière. M. Potter Palmer fut nommé président de la Commission nationale. A ces hommes de valeur on adjoignit des collaborateurs dévoués; une commission nationale de dames fut constituée, et la toute gracieuse et aimable Mme Potter Palmer fut choisie comme présidente. C'était bien le meilleur choix que l'on pût faire.

La France, la première, accepta l'invitation en votant un crédit de 4 millions; aussitôt l'Allemagne et l'Angleterre suivirent son exemple.

Est-ce pour cette raison que les Américains se conduisirent aussi grossièrement vis-à-vis de nos nationaux qui allèrent exposer à Chicago ? Était-ce ainsi qu'ils entendaient remercier la France d'avoir été la première à donner son adhésion ? Singuliers procédés !

Jackson-Park (Mildway-Plaisance) fut choisi pour l'emplacement de l'immense Exposition, qui se trouva naturellement décorée par le lac Michigan qui en constituait le cadre le plus ravissant.

Onze palais, aux proportions colossales, furent construits pour l'Industrie, les Arts Libéraux, l'Archéologie, l'Agriculture, les Machines, l'Électricité, les Mines, les Transports, l'Horticulture, la Pêcherie et les Beaux-Arts.

Pour visiter l'Exposition, qui absorbait un emplacement de trois fois et demi plus grand que celui occupé par l'Exposition de 1889 de Paris, il fallait au moins huit jours.

Vu d'ensemble du haut du Palais des Arts Libéraux, d'où l'on arrivait au moyen d'ascenseurs, le coup d'œil était absolument grandiose, et l'on restait en contemplation devant ces immenses palais qui se trouvaient baignés par les canaux contournant tout autour de ces édifices.

Le Palais des Arts Libéraux, dont les dimensions sans égales recouvraient une superficie de 120.000 mètres et pouvant contenir 500.000 personnes ; sa largeur était de 566 mètres sur 166 de large et 68 de hauteur, dimensions dépassant de beaucoup celles de la Galerie des Machines du Champ-de-Mars à Paris. Cet édifice gigantesque, à la voûte de verre et d'acier, a été depuis transporté à New-York. Dans ce palais, la France y occupait une place importante ; les vitrines des exposants étaient l'objet de l'admiration des visiteurs, qui restaient ébahis devant ces richesses alignées avec autant de bon goût que d'harmonie. Nos manufactures nationales de Sèvres et des Gobelins y étaient dignement représentées, ainsi que nos fabriques de Lyon, Beauvais, Limoges, Aubusson, Roubaix, Elbeuf, etc., qui toutes avaient eu à cœur de tenir haut le drapeau industriel de la France. Devant toutes ces vitrines, aménagées avec tant de goût, on reconnaissait la valeur artistique de certains produits qui caractérisent si bien le génie commercial de la France. L'ensemble de ce palais était du meilleur effet.

Le pavillon français, élevé sur le bord du lac, était l'œuvre de MM. Motte et Dubuisson ; il se composait de deux ailes réunies par une colonnade demi-circulaire. Le pavillon Nord, avec ses hautes colonnes corinthiennes, abritait une reproduction du Salon d'Apollon au château de Versailles, salon où fut signé par Franklin et M. de Vergennes le traité de 1778 qui reconnaissait l'indépendance des États-Unis. C'est dans une de ces salles que l'on avait organisé une exposition rétrospective de tous les objets, souvenirs, présents reçus par La Fayette lors de ses voyages aux États-Unis, postérieurs à la guerre de l'Indépendance. Ce traité fut le premier que signa l'Amérique.

A l'entrée, nous voyons un beau buste en marbre blanc du regretté président Carnot; attenant à cet édifice se trouvait le pavillon russe, une isba semblable à celle qui était à Paris en 1878.

A côté, Ceylan avait une exposition, cette grande île qui s'est abandonnée avec plus d'énergie que de prudence à la production du thé; il lui faudra de nombreux débouchés, sous peine de souffrance économique. Elle venait faire campagne aux États-Unis, excellent terrain d'ailleurs, où les boissons nationales, après l'eau glacée, sont le whisky et le thé.

Le Palais de l'Électricité, avec sa grande loge circulaire, vu le soir, éclairé *à giorno*, était absolument féerique. La Compagnie Edison avait tenu à faire voir les progrès réalisés dans l'électricité. Nous étions absolument éblouis dans notre promenade à travers tous ces verres multicolores qui décoraient les stands des exposants. Le Multiplex, inventé par notre compatriote, M. Mercadier, directeur des études à l'École polytechnique de Paris, était très remarqué et étudié par les savants. Ce nouvel appareil télégraphique est doté de douze plaques envoyeurs et de douze récepteurs qui permettent de pouvoir transmettre douze dépêches sur un même fil, et ce, sans confusion possible, au moyen de différents sons obtenus. C'est incontestablement un appareil appelé à rendre de réels services.

Le Palais de la Transportation renfermait tout ce que l'on peut imaginer dans les moyens de transport par terre, par eau et par voie ferrée, depuis la voiture, le bateau, la locomotive primitifs, jusqu'aux wagons perfectionnés de Kulmann, les modèles des steamers de la Société Cunard et des compagnies anglaises. Les modèles exposés par la Compagnie française des transatlantiques étaient aussi très remarquables.

Le Palais des Beaux-Arts renfermait toutes les plus belles toiles des musées du gouvernement des États-Unis. Nous y remarquons, parmi les toiles acquises par cet État, des tableaux de Meissonnier, Puvis de Chavannes, de Neuville, Bastien-Lepage, Millet, Eugène Delacroix, Carolus Durand, Corot, Courbet, d'Aubigny, Fromentin, Rosa Bonheur, Diaz, Jules Dupré, Troyon, Isabet, Loustano, Flameng, Bouguereau, J.-P. Laurens, Yon, Yvon, Paul Leroy, Benjamin Constant, Robert Fleury, Henner, Boutigny, Bonnat; ainsi qu'un grand portrait du président Carnot et beaucoup d'autres toiles d'école française également, prêtés par les richissimes collectionneurs américains.

Comme on le voit avec l'énumération ci-dessus, c'est avec les œuvres de nos grands maîtres français que les Américains ont principalement orné leurs musées.

A côté, nous visitons la section française qui contient un magnifique portrait de Mgr Lavigerie, les Nymphes de Madeleine Lemaire, et des toiles de nos grands artistes, tels que Benjamin Constant, Robert Fleury, Boutigny, Bonnat, Carolus Durand, Breton, Laurens et Bouguereau, qui ont eu à cœur de représenter dignement l'école française à l'Exposition de Chicago.

Il faut avouer sans parti pris et sans orgueil national que, à côté de ces chefs-d'œuvre, les salles où étaient exposés les tableaux des écoles anglaise, américaine, allemande, belge, hollandaise et flamande, nous ont paru bien ternes.

Les Palais de l'Agriculture et de l'Horticulture, avec toutes leurs machines aratoires du dernier perfectionnement, étaient aussi très intéressants à visiter. Là, comme partout ailleurs, l'Allemagne y occupait une place prépondérante et paraissait avoir fait de grands sacrifices pour y être solennellement représentée.

Le Palais du Gouvernement américain était séparé en deux parties bien distinctes : l'une relative au sol, à ses curiosités et à ses produits ; l'autre destinée à faire connaître les différents services publics de la grande république américaine. Le Musée de Washington y avait envoyé les pièces curieuses de ses collections d'oiseaux, d'animaux et d'insectes ; l'animal vivant dans la mer de Behring et dont les Esquimaux utilisent à la fois la viande, la peau et l'huile.

Le centre du bâtiment, sous la grande coupole, était occupé par un arbre géant de Californie, le *Sequoïa Gigantea*. Ces arbres ont été découverts en 1852 par le chasseur Boyde; il y en a qui ont jusqu'à 122 mètres de hauteur et 12 m.50 de diamètre (il est vrai que l'eucalyptus, en Australie, atteint jusqu'à 45 mètres de hauteur. Le Sequoïa est toujours vert; son écorce a une épaisseur de 0 m.90. Un arbre comme celui exposé à Chicago peut se vendre 81.000 francs.

C'est dans les parcs Yellowstone et de Yosemite qu'ils poussent le mieux; pour amener une partie de celui-là, il a fallu onze wagons pour le transporter, et le coût de ce transport de la forêt au chemin de fer a été de 37.700 francs. Le centre de cet arbre a été enlevé pour faire place à un escalier en forme de pas de vis; en haut, une plate-forme a été installée, et. dans l'intérieur, un café avec concert.

Du Palais de l'Agriculture, surmonté à chaque angle de groupes d'atlas, on pénétrait par une colonne corinthienne dans le Palais des Machines. Dans le bassin qui baignait cette colonnade avait été construite une fontaine monumentale dans le genre de celle de Trafalgar-Square.

Le Palais de l'Administration, un véritable Panthéon aux formes classiques. Le Palais des Machines, avec ses loggia en couleurs, est d'un effet grandiose. Comment décrire toutes ces belles et puissantes machines, ces immenses chaudières tubulaires, prêtes à mettre en branle ces merveilleux outils que l'homme s'est donnés. Sans ces chaudières, sans cette vapeur, que serait Chicago ? Nous passons devant l'exposition de l'Usine Cail de Paris ; une machine est en train de frapper des médailles à l'effigie de celui qui découvrit l'Amérique; ensuite, l'exposition des chaudières de la maison Belleville, celles des grandes fabriques de machines à coudre, des fabriques de montres qui offrent aux visiteurs le plus grand intérêt. Il est évident que l'ensemble de ce palais, avec toutes ses machines en mouvement, était d'un effet saisissant, mais moins pour nous qui avons tant admiré la Galerie des Machines de l'Exposition de 1879.

Le Palais du Canada est installé avec le meilleur goût; c'est avec un sentiment de poignante émotion que nous examinons les produits de cette belle et riche colonie, que nous avons perdue comme tant d'autres par l'indolence des gouvernements de l'époque et qui, aujourd'hui, constitue la colonie la plus productive que l'on puisse imaginer.

Si la visite des nombreux palais qui avaient été édifiés dans cette enceinte était intéressante, les promenades extérieures, à travers les jardins et les canaux, étaient aussi très attrayantes. Ces promenades, sillonnées de ponts traversant les canaux, qui y apportaient un air de fraîcheur, étaient, les soirs de grandes fêtes, d'un effet féerique. Au fond, ces gracieuses colonnades à travers lesquelles on apercevait le lac Michigan ; au milieu, la statue de la République de Frank, qui émergeait au-dessus des eaux du lac à 35 mètres de hauteur, tenant de la main gauche la pique du révolutionnaire surmonté du bonnet de la liberté, les pieds de la déesse baignés par les eaux du grand bassin. A l'extrémité, en droite ligne, au milieu d'un bassin, la barque du Progrès conduite par les Sciences; derrière, le dôme central : cette partie de l'Exposition avait l'aspect du Champ-de-Mars, duquel, du reste, il était la copie sous bien des rapports.

Ces palais, avec leur peinture blanche, leurs chapiteaux, copies de Rome et d'Athènes, leurs dômes sveltes, le chaotique mélange de leur architecture combinée, constituaient incontestablement un ensemble sans pareil. Ils donnaient l'idée d'une cité de rêve, d'une ville de vision apparue soudainement sur le bord de ce lac vaste comme une mer dont l'eau se soulevait dans l'entre-colonne d'un gigantesque portique. C'était vraiment un décor de gloire, et comme dressé à souhait pour le divertissement de cet immense peuple de travailleurs appelés à ce rendez-vous de joie et de repos. Quoique cela, cette cohue, dispersée sur ces allées et sur ces pelouses, était saisissante pour nous, observateurs parisiens, par l'absence totale de cette joie qui caractérise si bien le Français. Ces gens n'étaient ni distraits ni gais; ils allaient, regardaient tout et partout, et paraissaient indifférents à la vue de cette vaste foire du monde qui de son titre pompeux s'appelait l'Exposition Universelle.

C'était une véritable Babel d'individus de toutes provenances.

Tous ces jardins, traversés par des canaux sillonnés de coquettes gondoles et de bateaux électriques qui conduisaient les visiteurs, avaient un aspect de Venise. Le chemin de fer électrique traversant l'Exposition était à toute heure bondé de voyageurs, ainsi que l'Elevated qui amenait les visiteurs jusque dans l'enceinte. Mais une des excursions les plus agréables que nous avons faites était de venir de Chicago à l'Exposition, sur le lac Michigan. De grands steamers filant vingt-deux nœuds emmenaient des milliers de visiteurs à la fois. Le coup d'œil sur le lac était vraiment admirable ; derrière, la ville que vous aperceviez ; sur la droite, l'Exposition, avec ses coupoles et ses colonnes corinthiennes qui se développaient sur un espace d'autant plus considérable que les lacs intérieurs y prenaient beaucoup de place. Les bâtiments avaient été construits avec goût et revêtus de telle façon qu'on ne s'apercevait pas trop de leur structure en bois ; toute cette masse de palais blanchis était grandiose. Évidemment, l'architecture des bâtiments manquait d'originalité, car on y reconnaissait facilement la reproduction plus ou moins dissimulée des principaux monuments connus de Paris ; mais enfin, l'ensemble en était imposant, et la partie construite sur le bord du lac était vraiment superbe.

A l'horizon, de tous côtés, la vue du lac qui est une petite mer. En arrivant, nous voyons à quai le fac-simile des galiotes ayant porté Christophe Colomb et ses compagnons au Nouveau-Monde. Quel prodigieux courage il a fallu à ces hommes hardis pour affronter des mers inconnues, sur de pareilles coquilles de noix !

Nous débarquons à l'Exposition au niveau du sol, où se trouve une chose bien curieuse : les « trottoirs mobiles ». Ils donnent la sensation de la ville de l'avenir; pour le débarquement des bateaux, on a construit un trottoir mobile d'un kilomètre et demi de longueur, tournant aux deux extrémités de son parcours et suivant une courbe de 25 mètres de rayon.

Nous pénétrons par la porte où se trouve le bâtiment de l'exposition de l'Usine Krupp, qui a mis sous les yeux du public ses canons de 60 tonnes et tous les spécimens des pièces énormes qui, un jour fatal, sèmeront la destruction sur leur passage ; car, avec des engins aussi puissants que ceux que nous voyons dans l'Usine Krupp, on frémit d'horreur à la pensée que les guerres de l'avenir ne seront plus que de véritables carnages, quand ces gueules d'acier vomiront la mitraille et la mort sur des hommes qui seront impitoyablement fauchés.

Plus loin, nous visitons la boulangerie française émigrée du quai d'Anjou, où nous retrouvons de nos compatriotes, entre autres le fils du sympathique président de la Chambre syndicale de Paris, M. Cornet, qui nous fait les honneurs de son pavillon avec la plus grande amabilité.

On connaît à peine le pain à Chicago ou, du moins, le bon, car beaucoup de familles préparent elles-mêmes leur pâte et la font cuire plus ou moins bien dans un four de poêle. Aussi espérions-nous que nos compatriotes y importeraient une industrie nouvelle, étant donné que le pain friand fabriqué par eux a dû y être très apprécié.

Plus loin, les moulins à vent sont là transformant la pelouse en paysage de Hollande. M. Yvon, le fils du célèbre peintre, y avait planté un paysage oriental qui attirait l'attention des visiteurs. C'était Tunis, avec ses minarets et ses soucks achalandés; l'Annam, avec ses toits à arêtes courbes. De là, nous passons dans le Cold-Storage, bâtiment incendié la veille, sort que plusieurs autres devaient subir plus tard : la démolition en aurait été trop lente. Nous dirigeons ensuite nos pas dans la rue du Caire, où l'Allemagne y avait construit tout un village. Nous devons avouer que cette rue du Caire n'avait ni l'attrait ni la gaieté de celle de l'Exposition de Paris.

Un peu plus loin, dans Midway-Plaisance, la fameuse roue dans laquelle nous montons, appelée par les Américains le Clou de l'Exposition.

Cette roue de 83 mètres de diamètre tournait sur un axe supporté par deux tours de 45 mètres de hauteur ; l'appareil était mis en mouvement par une machine à vapeur puissante, pour donner une impulsion rapide à cette roue pesant 2 millions de kilos. Dans les nacelles suspendues à son périmètre, nous avons sous les yeux le spectacle le plus intéressant : celui de l'Exposition à différentes altitudes ; les nacelles s'élevaient à 83 mètres, hauteur des coupoles des palais.

8.

Pas loin de là, le colonel Cody (Buffalo-Bill), que nous avons tous connu à Neuilly, avait installé une immense construction où il donnait ses représentations. Dans un souterrain, nous retrouvons la reproduction des grottes de Mammoth, pour laquelle l'entrepreneur a dépensé 200.000 francs. Le plafond, tout cristallisé, vu à la lumière électrique, est d'un effet saisissant de réalité.

Nous retrouvons la Compagnie d'appareils sous-marins, où des hommes habillés de scaphandres plongent dans un réservoir contenant 1.850.000 litres d'eau. C'est l'homme captivant la mer au service de ses caprices.

Et enfin nous nous réservons comme dernière attraction la visite du concours de beauté (qui n'avait rien de *beautiful* !).

Dans vingt stands on avait installé des jeunes filles choisies parmi les plus belles dont chacune devait, en principe, représenter la nation à laquelle elle appartenait. Celle qui nous parut l'emporter sur les autres, tant par sa blonde chevelure que par le velouté de ses beaux yeux noirs et l'éclat de sa beauté, portait sur son stand « Circassienne ». Après avoir longuement causé avec elle, la questionnant et lui parlant de Paris, elle finit par nous avouer qu'elle était du faubourg du Temple ! qu'elle s'ennuyait horriblement dans cette exposition de Vénus imaginée par un Barnum, où de dix heures du matin à dix heures du soir elle ne pouvait pas sortir, et son plus grand désir était, ainsi que celui des deux amies qui l'accompagnaient, dont l'une représentait le Canada et l'autre la Belgique, de retourner au plus vite voir la danse du ventre au Moulin-Rouge. En somme, cet entrepreneur de harems n'était qu'un farceur, car les conversations tenues dans ce palais des fées, où notre Tartarin vint à plusieurs reprises occuper ses loisirs, étaient *shocking*.

Tout dans la World's Fair a été exploité, et, malgré toute l'ingéniosité des entrepreneurs, qui, par tous les moyens possibles, ont cherché à faire produire les recettes, le résultat n'a pas été brillant.

L'entrée était fixée à un demi-dollar par personne et par jour (soit 2 fr. 50 le ticket). Les marchands avaient à payer 25 p. 0/0 sur le produit de leur vente; un industriel avait payé 500.000 francs pour avoir le monopole de vendre dans l'enceinte des penants, sorte de pistache très goûtée à Chicago. Le privilège de la vente du maïs grillé, que l'on voit manger par tous les enfants, avait été payé 800.000 francs. Le catalogue officiel avait été affermé pour 2 millions de francs ; on avait fait flèche de tout bois, et, malgré tous ces efforts, quel a été le résultat de la World's Fair ? qui est devenue la World's Four, un désastre financier !

Pendant les 183 jours de son ouverture, on n'a pas obtenu le colossal succès qui avait été escompté à l'avance par ses trop enthousiastes organisateurs. Les entrées ont atteint, il est vrai, 20 millions de visiteurs ;

mais celles de l'Exposition de Paris de 1889 avaient été de 25.398.600 visiteurs, laissant un boni de 8 millions.

Le boni pour Chicago n'a été qu'une déception; la France détient le record.

Détroit.

De Chicago pour se rendre à Niagara-Fall's, le chemin de fer s'arrête à Détroit, ville importante de 206.000 habitants, située au bord du lac Erié.

En France, lorsqu'il s'agit de passer d'une rive à l'autre, dont l'étendue ne permet pas de pouvoir établir un pont, on n'a recours qu'à un seul moyen connu, le transbordement pour aller sur la rive opposée reprendre un train.

Les Américains, pour lesquels rien n'est impossible, ont résolu la question. A l'arrivée à Détroit, dont la largeur excessive du lac ne permet pas la construction d'un pont, le train tout entier, avec ses voyageurs, sans secousse et sans difficulté est mis sur un ferry-boat et transporté à l'autre rive, où au moyen d'une force hydraulique il est soulevé du bateau pour venir se raccorder à la voie, et, en moins de dix minutes, le départ s'effectue, et tout a été accompli avec calme et précision.

Le Niagara.

De Chicago au Niagara, en train rapide, nous mettons quatorze heures. Il semble que la nature ait voulu compléter son œuvre, car c'est dans un site valloné et des plus pittoresques que se trouvent les chutes du Niagara. Avant d'y arriver, le chemin de fer s'arrête sur la hauteur quelques minutes afin de permettre aux voyageurs de pouvoir, de ce point élevé, regarder les chutes bouillonnantes. N'est-ce pas là, en effet, un des plus nobles et des plus saisissants spectacles du monde qu'il soit permis à l'homme de contempler?

Tout ce que les hommes ont pu construire autour de ces chutes, de ponts, d'escaliers, de balustrades, et de sentiers tracés, la farouche beauté de ces deux énormes cascades est restée intacte. Vues au soleil, elles paraissent argentées; la vapeur souple, ce nuage d'humide encens qui flotte au-dessus de la chute dernière et qui s'élève transparent de blancheur, forme un coup d'œil vraiment grandiose.

La nuit, dans le silence, c'est une plainte profonde,

une gémissante rumeur; que de puissance dans ces eaux qui jaillissent si majestueusement de ces cataractes qui sont produites par la descente du trop-plein des eaux du lac Érié, ce beau et large fleuve qui se trouve tout à coup précipité dans ce gouffre.

Niagara, dans la langue indienne, veut dire tonnerre des eaux.

Combien a été grande l'impression produite par ces chutes sur ces barbares ! Mais ces guerriers jaunes et tatoués respectaient cette nature et ne la mutilaient point comme ces civilisés qui sont venus construire dans ce paysage admirable des tuyaux d'usine et coller des affiches-réclames.

La chute américaine a plus de 200 mètres de large.

La chute canadienne, qui est la plus majestueuse, en a plus de 400.

Nous tenons à descendre dans la Grotte des Vents; c'est au milieu d'un véritable déluge que nous la traversons; grâce aux costumes de caoutchouc, nous sommes un peu à l'abri du nuage d'eau qui vient s'abattre sur nous, et cela ne nous empêche pas de prendre une véritable douche. Elle est ainsi nommée parce que l'air, comprimé de tous côtés, s'y engouffre avec un fracas de tonnerre. Une fois là, nous n'entendons plus qu'un beuglement assourdissant, celui de la cataracte qui mugit d'une façon effroyable. A la sortie, c'est un soulagement que de retrouver la vie civilisée, au dehors de ce chaos.

Sur la rive canadienne, nous descendons dans la

Grotte du Fer à cheval, également revêtus de costumes en caoutchouc. L'ascenseur nous descend au bas du précipice, et c'est au milieu de rochers que nous y arrivons. De là on peut se rendre compte du bruit formidable produit par les deux chutes : section du Saint-Laurent qui unit les lacs Érié et Ontario. La chute canadienne forme un immense fer à cheval, d'où l'eau se précipite de 60 mètres de hauteur, avec une impétuosité effroyable.

Dans le lit de la rivière qui coule plus bas, la chute américaine de 62 mètres déverse un volume d'eau moins considérable. A partir des chutes jusqu'à une distance de 8 à 10 kilomètres, la rivière coule encaissée entre deux falaises à pic de 54 mètres de hauteur et de plus de 200 mètres de large. Sur ce long parcours, avant d'arriver à la petite île qui divise ses flots et forme les chutes, le fleuve, sur une largeur de 400 mètres et une longueur de 6 kilomètres, offre une série de rapides magnifiques à voir. Les courants, comme ceux de la première cataracte du Nil à Assouan, prennent alors une violence énorme ; les flots se heurtent, se choquent et arrivent lancés comme la foudre à ce gigantesque gouffre qui s'appelle les *Chutes du Niagara*. Comme nous l'avons déjà dit, c'est là que s'échappe le trop-plein du lac Érié.

Le volume d'eau qui se débite dans les deux chutes est évalué à 90 millions de mètres cubes par jour.

C'est encore un Français, Robert Cavalier de la Salle, venu au Canada en 1666, qui fit le premier la découverte des chutes ; il est à remarquer qu'en beaucoup d'endroits, aux États-Unis, on retrouve le passage de Français, venus les premiers dans ces régions lointaines apporter les idées de civilisation. Nous restons quelques instants sous une partie de la chute à écouter les sifflements aigus qui s'unissent aux hurlements des ondes impatiemment comprimées, et, trempés de tous côtés, nous regagnons l'ascenseur.

Une autre excursion nautique nous reste à faire. Nous montons dans le petit bateau à vapeur qui fait le tour des chutes aussi près que possible. Arrivés auprès de la chute canadienne, le spectacle est grandiose ; une pluie fine volatilisée, produite par la hauteur des cascades, forme un nuage impénétrable, et au retour, jusqu'à 300 mètres, nous ne cessons de contempler cette merveille de la nature. Rien au monde n'égale la grandeur de ce tableau. C'est principalement la Grotte des Vents qui est la plus effroyable, car le chemin pour y arriver devient de plus en plus étroit et se trouve jonché de débris rocailleux que surplombe la cataracte. Il faut, pour exécuter cette excursion, ne pas craindre le vertige, car faire un faux pas serait la disparition instantanée et sans secours. Nous restons saisis d'une véritable stupeur lorsque nous nous trouvons au-dessous de l'avalanche liquide précipitée dans le gouffre et ayant 7 à 8 mètres d'eau d'épaisseur. Ce n'est qu'un fracas assourdissant, un tumulte indescriptible qui provoque un serrement de cœur ; le vent produit par la chute de cette montagne liquide fait frissonner les rochers sur leur base.

Le pont suspendu qui relie la côte canadienne à la côte américaine a été inauguré le 8 mars 1855. La hauteur des tours est de 29 m. 30 ; celle au-dessus des rapides de 83 mètres, et sa longueur de 500 mètres. Le courant de la rivière est évalué à 32 kilomètres à l'heure, celui des rapides à 44 kilomètres. Ce pont est un travail hardi.

Un coquet tramway électrique, qui part bien au delà en amont des chutes, suit les rapides et la rivière sur une distance de trois lieues. Nous avons fait cette délicieuse promenade, qui dure quarante-cinq minutes.

Sur la rive américaine, un ascenseur nous descend au bord des rapides, à l'endroit même où le capitaine Webb, à la suite de sa traversée de la Manche à Calais, vint se noyer en 1883, en essayant de passer le Niagara. Ce n'est que quatre jours après que son corps fut retrouvé dans le lac Ontario. Cette fin tragique excita plusieurs professionnels à renouveler cette tentative périlleuse : un pêcheur de l'Ontario, Jacques Scott, qui, lancé contre des troncs d'arbres, vint s'y fendre la tête en 1886 ; un ancien policeman de Boston parvint à franchir les rapides, muni d'une ceinture de sauvetage ; la même année le capitaine Graham, blotti au fond d'un tonneau, exécuta un plongeon de 60 mètres de hauteur et passa du bassin supérieur dans le bassin inférieur. Tous ces hommes hardis méritent d'être classés parmi les nageurs célèbres, comme le capitaine Boyton, qui traversa la Manche à la nage.

Le lac Érié est relié au lac Ontario par un canal de douze lieues qui s'appelle Niagara-River. Les berges de ce canal offrent partout un puissant intérêt. Avant de bondir au-dessus de la rampe granitique, il se partage en plusieurs branches qui, rejointes vers l'île de la Chèvre en deux grandes sections principales, trouvent tout à coup le néant devant elles, s'y précipitent avec un fracas énorme. A distance, l'effet produit par ces immenses nappes liquides qui s'abîment et rejaillissent de toutes parts est des plus sauvages ; de près, c'est terrifiant. La brèche seule de la chute canadienne déverse un volume d'eau de plus de 7 millions d'hectolitres à la minute.

Essayer de donner une idée, la plus vague de toutes, de la grandeur et de la sauvagerie des chutes du Niagara est absolument impossible, car c'est le cœur serré d'un frisson presque douloureux et la bouche qui reste muette en face de ce spectacle si grandiose que l'on contemple ce spectacle, duquel on conserve éternellement le souvenir.

Pendant des heures entières, sans fatigue, on reste devant ce phénomène de la nature.

L'île de la Chèvre, située tout près de là sur la terre américaine, est bien la promenade la plus exquise que l'on puisse rêver : rien n'est plus vigoureux, plus coquet et plus inattendu que les fondaisons puissantes dont cet archipel minuscule, battu de tous côtés par des torrents déchaînés, est somptueusement décoré ; de nombreux chemins la font communiquer avec les îlots voisins, de sorte que de ponts en passerelles, tout en admirant la série de tableaux se déroulant devant les yeux, on arrive, comme pièce finale, devant la grande cataracte dont les aspects multiples, la vertigineuse vitesse et l'effroyante soudaineté laissent le touriste pétrifié d'étonnement, presque de crainte, en tous cas attiré par un charme invincible.

Devant nous, la cataracte glissant au-dessus de nos têtes se précipite en hurlant dans l'abîme placé à 50 ou 60 mètres en contre-bas, tandis que derrière, comme fond du tableau, une muraille de 60 mètres de hauteur se dresse comme une immense forteresse. De toutes parts on se sent enfermé au point que l'on se demande parfois comment et par où on pourra bien sortir.

Depuis plusieurs années, les Américains cherchaient le moyen d'utiliser la formidable énergie hydraulique des chutes du Niagara, dont la force est évaluée à 17 millions de chevaux-vapeur, soit l'équivalent des forces hydrauliques que pourraient produire tous les fleuves et rivières de France.

Le problème a été résolu ; l'usine génératrice pour la production de l'électricité vient d'être construite, les canaux de dérivation creusés, les puits forés, et les formidables chutes dont les rugissements épouvantaient les touristes vont maintenant faire tourner des turbines.

Le canal latéral, qui dérive l'eau de la cataracte, se

détache du fleuve à 2.000 mètres en amont des chutes; sa largeur, qui est de 57 m. 35 à son embouchure sur le fleuve, se réduit à 34 mètres seulement près du bâtiment des turbines; de là l'eau se précipite dans un puits vertical qui a 56 m. 75 de hauteur sur 5 m. 50 de diamètre, et au fond duquel sont placées les énormes turbines de 5.000 chevaux qui doivent transmettre la force. Ces turbines sont placées deux par deux sur un arbre vertical. La quantité d'eau nécessaire pour mettre chacune d'elles en marche est de 707 mètres cubes d'eau à la minute. Leur mouvement est transmis à des dynamos à courants alternatifs à faible fréquence, produits dans des machines à deux phases et avec une tension de 2.000 volts. L'énergie électrique ainsi produite sera employée principalement pour l'éclairage et les besoins des chemins de fer (traction), ainsi que pour la production de l'aluminium par la Pittsburg-Reduction et C° et peut-être aussi pour la propulsion des bateaux sur le canal de l'Érié.

Nous quittons cette ville, toute en liesse; de tous côtés les étendards et les oriflammes flottent aux fenêtres en l'honneur de la fête nationale des Américains qui célèbre le 4 juillet l'anniversaire de l'indépendance des États-Unis.

Le Lac Ontario, les Rapides et le Saint-Laurent

De Niagara-Falls, une heure de chemin de fer, nous arrivons à Lewiston pour nous embarquer sur le lac Ontario. Après huit heures de traversée nous arrivons à Toronto, une des principales ville du Canada.

Toronto est une grande et belle ville moderne qui se développe tous les jours. En 1813, elle fut prise par les Américains qui détruisirent les fortifications et brûlèrent les forts monuments. Les rues y sont larges et bien tracées, mais la langue française en a complètement disparue ; la puissance anglaise y a tout absorbé. Nous visitons le Musée, le Parlement et la cathédrale. Les environs de la ville sont très pittoresques ; c'est le jardin du Canada. Toronto, par son port commercial, est appelée à un grand avenir.

Le lendemain nous embarquions de nouveau pour Montréal, cette vieille cité canadienne où les Français ont laissé tant de souvenirs. De Toronto on peut aller à Montréal par chemin de fer ; mais le voyage par bateau sous tous les rapports est bien plus agréable. Nous embarquons sur le bateau *Pasport* avec soixante Indiens qui retournent dans leur réserve. Le voyage dure trente heures qui s'écoulent bien rapidement par la variété des sites et le pittoresque du paysage qui se déroule sans cesse à nos yeux ; l'eau de ce lac avec sa pureté de cristal est si belle ! Le lac Ontario, qui a 120 mètres de profondeur, serpente aumilieu de ravissants bouquets de verdure, de gracieux îlots renfermant simultanément des villas d'été et des hôtels qui pendant la saison ont le don d'y attirer une foule inouïe de Canadiens riches, soucieux de vivre loin du monde, livrés à la méditation et au repos. Nous quittons le lac Ontario pour entrer dans le fleuve Saint-Laurent.

Voilà le passage des Mille Iles (Thousand Island), ainsi nommé, car il y a en effet 1.120 îles et îlots formés par le fleuve Saint-Laurent. Les plus importantes sont : Island Park, Frontenac, Central-Park, Le Point, Vivian, Confort, Alexandria-Bey, Clayton, Brockville, Coteau, Landing ; toutes sont dotées de ravissants cottages. Quel joli coin pour un paysagiste !

De Clayton à Brockville, pendant six heures consécutives, nous naviguons en traversant ces parages enchanteurs. C'est le paradis terrestre ! Nous arrivons à La Chine, petite ville située en face de Caughnawaya (réserve des Indiens). Deux cent cinquante Indiens habitent ce petit village isolé ; ils sont maîtres absolus chez eux ; c'est le chef de la tribu qui y rend la justice, et, quand un des leurs, soit pour cause de crime ou de vol, est condamné par le chef, il est scalpé.

Notre bateau stoppe pour débarquer à La Chine les Indiens qui avaient été embarqués à Toronto. Quels types que ces Peaux-Rouges avec leurs longues boucles d'oreille et leurs cheveux hérissés, aux joues colorées et à l'air presque sauvage ! Leurs costumes, faits avec les peaux des animaux qu'ils tuent dans leurs chasses, sont ornés de coquillages. Et les femmes aux dents d'ivoire, aux costumes bariolés, qui, tranquillement, fument leurs pipes ! Le gouvernement américain use de sévères représailles envers ces malheureux dont le nombre va en diminuant de jour en jour, pour arriver dans un avenir prochain à être presque nul. Il est rigoureusement interdit à tout débitant de vendre des liqueurs alcooliques aux Indiens, sous peine d'être emprisonné en cas de contravention.

A Cornwal, nous rencontrons un bateau rempli de 600 Canadiens qui font un voyage de plaisir en l'honneur de la fête de saint Jean-Baptiste, célébrée avec pompe au Canada. Notre cœur se réconforte à la vue des drapeaux français qui décorent le bateau touriste, et c'est aux cris de : Vive la France! que nous accueillent nos anciens compatriotes.

En quittant La Chine, nous entrons dans les rapides du Saint-Laurent qui, sur une longueur de 6 kilomètres, sont hérissés de rochers à fleur d'eau. Un pilote indien expérimenté prend la direction du bateau pour faire la traversée de ces passages dangereux où tant de bateaux et de pêcheurs ont été engloutis. Ces rapides sont si peu accessibles pour la navigation que l'on a été obligé de faire un canal latéral, qui va de La Chine à Montréal, où les bateaux par les gros temps peuvent venir se réfugier à l'abri des tempêtes fréquentes qui se déchaînent dans ces parages. Après la traversée des rapides, nous reprenons le fleuve Saint-Laurent, qui devient navigable jusqu'à Montréal.

Montréal et le Canada

Montréal ! cette ancienne ville française du Canada, qui fut découvert en 1554 par Jacques Cartier, et que nous avons perdu en 1763 sous Louis XV, qui disait si bien à cette époque qu'il n'y avait pas lieu de se préoccuper de ces quelques arpents de neige perdus.

Ce territoire de quelques arpents de neige est bien plus grand que la France, et il aurait incontestablement par la suite constitué la plus belle de nos colonies. Après cette belle province abandonnée, nous perdions plus tard la Louisiane, qui fut cédée en 1805 par Napoléon Ier pour la somme de 17 millions de francs.

La Louisiane, qui nous rappelle encore bien des souvenirs, fut colonisée en 1699 par les Français, et la population. qui était de 48.720 habitants, est aujourd'hui de 1.120.787 habitants,

Montréal, grande et belle ville située sur le Saint-

Laurent, est le centre le plus commercial du Canada ; c'est le passage des navires qui remontent ce fleuve depuis son embouchure et de ceux qui viennent des grands lacs. La ville doit son nom au Mont Royal (ou Real) au pied duquel elle s'élève et qui la surplombe d'une hauteur de 700 mètres. Les rues larges et aérées sont bordées de splendides édifices, entre autres la cathédrale française de Notre-Dame de Lourdes, la plus importante des constructions religieuses du Nouveau-Monde. Sur chaque place, de vastes squares, entretenus avec un soin méticuleux, sont entourés d'arbres régulièrement plantés et ornés de bassins et de pelouses.

L'hôtel Windsor, où nous descendons, est une construction grandiose très remarquable qui, par sa splendeur et son confort, dépasse de beaucoup nos grands hôtels parisiens. C'est avec une légitime satisfaction que nous nous trouvons parmi ces braves Canadiens qui tous parlent français et qui sont de cœur restés attachés à leur ancienne patrie. C'est encore les larmes dans les yeux que ces braves gens nous parlent de la France en termes émus ; bon et loyal peuple qui subit avec amertume le joug de la perfide Albion, mais qui espère toujours. Hélas! illusion tardive!

Le soir, la ville présentait une animation extraordinaire. Plus de 100.000 personnes parcouraient les rues, protestant avec indignation contre les maximes d'une nouvelle secte religieuse dont les membres, au nombre de 3.000, débarqués la veille, voulaient, par des réunions publiques, se créer des adeptes.

Montréal est une ville, comme tout le Canada du reste, où les habitants professent pour le catholicisme la plus grande foi et la plus sincère pratique. Sont bien mal accueillis ceux qui viennent dans l'espoir d'attenter à leurs doctrines religieuses ; ils sont chrétiens et entendent le rester. Ils ont, du reste, pour le clergé un profond respect, voire même de la vénération. Chaque famille paie par an une piastre au curé, et, dans les villages, la dîme existe encore en faveur des prêtres.

Nous passons la soirée à l'Alcazar, établissement tenu par un Français. C'est là le rendez-vous de la jeunesse et de tous les Canadiens Français ; on y parle de la France ; chacun commente les nouvelles et s'intéresse à ce qui se passe dans l'ancienne mère-patrie. La salle est décorée de drapeaux français. En présence de toutes ces démonstrations sympathiques, nous nous sentons émus et sommes heureux de nous trouver parmi d'anciens compatriotes qui aiment notre belle France.

Le Canada, c'est notre Alsace américaine.

Montréal a maintenant plus de 300.000 habitants. Le grand pont du chemin de fer qui traverse le Saint-Laurent, dont la longueur est de 500 mètres, a 25 arches et a été construit en 1855 ; de fin novembre à fin avril, la navigation est interrompue, étant donné que le Saint-Laurent ne forme plus qu'une mer de glace. Nous visitons le grand collège qui est tenu par les Jésuites ; cet établissement scolaire, qui donne à la jeunesse une éducation supérieure, est soutenu par les Canadiens qui en apprécient les bienfaits.

L'église Notre-Dame, avec ses deux étages intérieurs où les jours de fête les fidèles prennent place, peut contenir 10.000 fidèles; nous remarquons particulièrement une des chapelles construite avec toutes les essences de bois que produit le Canada.

La ville est sillonnée en tous sens par des tramways électriques. Le pont tubulaire Victoria, qui relie les deux rives du Saint-Laurent à Montréal, est un des plus grands de l'univers. Sa portée est de 1.950 mètres. Il est, du reste, le seul qui existe de ce point à l'Atlantique sur une distance de 1.600 kilomètres. Toutes les voies ferrées établies des deux côtés du fleuve ont à le franchir. La Compagnie du Great Trunck Railway, qui l'a construit, prélève un droit de passage de 50 francs par voiture et de 0 fr. 40 par voyageur. Pour éviter en hiver ce paiement onéreux, la Compagnie Sud-Est Railway a eu l'idée d'établir entre les deux rives une ligne établie sur la glace, et tous les hivers l'opération refaite à neuf paie amplement la dépense. La longueur de cette route de glace est de 3.200 mètres entre Hochelaya et Longueuil. En vingt-quatre heures la voie est installée par M. Sénégal, l'ingénieur de la ligne. La congélation de la glace, qui est de 0 m. 40, permet ce travail.

Devant tous ces travaux aussi hardis que gigantesques qui s'accomplissent aussi bien au Canada qu'en Amérique, comment existe-t-il encore, en France, des ingénieurs qui trouvent des difficultés insurmontables pour établir le métropolitain de Paris et voient comme impossible la traversée directe sous la Seine par un tunnel établi près du Châtelet?

Ainsi le tunnel établi sous la rivière de Saint-Clair entre les États-Unis et le Canada, à l'extrémité sud du lac Huron, pour le passage des lignes du Great Trunck Railway, a 1.830 mètres de longueur, dont 730 sous la rivière (c'est autre chose que la Seine à Paris). Eh bien! en deux ans, les 1.830 mètres furent achevés; le tunnel sous la Seine, à Paris, ne dépasserait pas 180 mètres de long. On voit combien il serait facile, si on le voulait, en tenant compte des derniers perfectionnements de l'art de l'ingénieur, de construire à Paris un métropolitain, dont le tracé ne décrive pas de longs détours si faciles à éviter.

Les Américains, pratiques en toutes choses, ne reculent jamais devant un sacrifice, quel qu'il soit, quand il s'agit de mettre à exécution une conception heureuse qui doit les doter plus tard de nouveaux moyens appréciables.

Après les câbles sous-marins de l'Atlantique qui les relient à l'Europe, ils vont maintenant faire le câble sous-marin du Pacifique. C'est le gouvernement du Canada qui en a pris l'initiative au Congrès tenu à Ottawa, capitale du Canada, où le cahier des charges a été rédigé.

Depuis vingt ans, des sondages multiples ont été effectués dans toutes les régions du Pacifique, dont les profondeurs vont jusqu'à 7.000 mètres, et, comme l'on sait aujourd'hui fabriquer des câbles qui supportent sans se rompre une longueur de 14 kilomètres, il en résulte que le plus profond des gouffres du Pacifique ne peut offrir aucune difficulté sérieuse ; les grappins des navires câbliers iront sans difficulté saisir les lignes télégraphiques au fond de ces abîmes pour en réparer les fentes. Ce progrès est considérable.

La longueur de la ligne télégraphique est évaluée à 6.000 nœuds marins de 1.852 mètres chacun, soit 11.112 kilomètres, c'est-à-dire plus que le quart du méridien terrestre. La ligne partira de la baie d'Ahipra dans le nord de la Nouvelle-Zélande, se rendra aux îles Fidji ; de là à l'île Mecker, découverte en 1783 par La Pérouse, et dont les Anglais ont pris possession en 1894. Cette île ne dépasse pas en superficie celle de l'île Saint-Louis à Paris. Elle n'est pas habitée ; mais les Anglais ont tenu à s'en emparer pour y placer une station afin d'en être maîtres et, de ce fait, éviter les îles Sandwich, comme ils ont su éviter dans le sud la Nouvelle-Calédonie et les Hébrides.

De l'île Mecker, la ligne anglaise se rendra à l'île Vancouver, en Californie. Les travaux dureront trois ans. La dépense est évaluée à 50 millions de francs ; le tarif sera de 36 fr. 75 le mot avec un rabais de 50 p. 0/0 pour la presse. On compte dès le début sur un trafic de 1.400.000 mots, avec une augmentation de 15 p. 0/0 par an ; ce qui produirait, dès le commencement, une recette approximative de 50 millions de francs.

Voilà l'œuvre gigantesque qui va encore s'accomplir.

Au Canada, on n'a pas besoin, comme en France, de faire appel au patriotisme des Canadiens pour la population. Les Français Canadiens, à l'opposé de ceux de France, deviennent, chaque année, de plus en plus nombreux, étant donné que la moyenne des familles est de sept à huit enfants. Dans toutes les parties du Canada, c'est la guerre à la dépopulation. Le gouvernement, il est vrai, fait tous ses efforts pour la développer. Il a distribué en quatre ans 180.000 acres de bonne terre en primes aux familles les plus nombreuses de la province. C'est à M. Mercier, ancien ministre et notre compatriote, à qui l'on doit cette libéralité. Mil sept cent-quarante-deux pères de famille, ayant chacun 12 enfants ou plus, ont obtenu la prime ; et encore ceux qui ont 20 enfants, et ils sont nombreux, ne sont pas satisfaits. Ils trouvent avec raison que la prime accordée devrait être augmentée proportionnellement. M. Orruinet, le surintendant de l'éducation, a 26 enfants de la même mère, et, dans les archives de l'Administration canadienne, on conserve précieusement la lettre d'un habitant de Rivière-du-Loup, Paul Belanger, un Français. Celui-là, qui a fait la campagne de 1807, déclare que voulant servir son pays aussi bien en temps de paix qu'en temps de guerre, il lui a donné autant d'enfants qu'il avait tué d'ennemis, soit 36 ! il demandait trois primes pour chaque douzaine d'enfants. Le brave Waillanoint a eu aussi avec la même femme 37 enfants. Mais le cas le plus extraordinaire est celui de John Dunn, mort en 1794 dans le Zouzouland, qui a laissé 70 enfants. Le Canadien, qui est très religieux, aime la famille et l'élève dans de saines traditions.

Quelle différence entre le Canada et la France, où la population diminue dans des proportions inquiétantes pour l'avenir ! L'origine est facile à trouver : la diffusion de la richesse publique et l'indisponibilité du sol. En France, on limite le nombre de ses héritiers, pour ne pas trop compromettre par de lourdes charges l'aisance dont on jouit. C'est l'égoïsme qui fait oublier les devoirs envers la patrie qui aura besoin un jour de tous ses enfants pour défendre son sol. Au Canada, le sol est à la disposition du premier occupant. Le sentiment de la famille y est plus enraciné qu'en France ; on y aime les grandes familles. Honneur à ces Normands et Bretons qui les premiers vinrent peupler ces régions lointaines !

Le Canada, il ne faut pas se le dissimuler, traverse en ce moment une période d'agitation. L'influence française y perd tous les jours du terrain, les Canadiens, qui, pendant tant d'années restèrent dévoués à la France, se plaignent maintenant de son abandon. En effet, le gouvernement français n'a jamais tenté des efforts suffisants pour conserver notre suprématie au Canada. Ne pourrait-il pas faire quelques sacrifices pour encourager et exciter l'exportation des produits français dans notre ancienne colonie, qui regorge de produits anglais et allemands au détriment des nôtres? Dans les bassins fluviaux, nous n'avons vu que des navires anglais, allemands et américains ; des français, pas un seul !

Les Yankees, en faveur du Canada qu'ils flattent en ce moment pour plus tard, — car ils ont des espérances sur ce beau pays, — ont modifié leur fameux bill Mac Kinley, et le Canada en profite dans de larges mesures. Les dégrèvements des droits portent principalement sur les produits forestiers et agricoles qui constituent la principale richesse du Dominion. Le commerce canadien en profite pour multiplier ses commandes dans l'étendue du pays, activant ainsi la production nationale dans toutes les branches de l'industrie.

Nous espérons que le traité de commerce récemment conclu entre la France et le Dominion favorisera réciproquement des relations commerciales. Cette convention n'a du reste pas été votée à Ottawa, sans soulever une très vive opposition, basée sur ce que le Canada accorde à la France le traitement de la nation la plus favorisée, alors que, de son côté, la France ne se soumet pas à la même obligation. On juge de l'hostilité manifestée par les partisans de la réciprocité commerciale, ces ennemis de la France, car on voit maintenant des Canadiens français s'allier au parti qui veut faire échec à la France.

Voilà le résultat de notre abandon.

Ce parti acharné est parvenu à faire repousser au Parlement le projet qui avait pour but de subventionner une ligne de steamers directe entre Le Havre et le Canada. La raison qu'il donne est la suivante :

Il redoute que l'établissement de rapports trop intimes entre le Canada, où la domination du clergé romain est encore pour ainsi dire absolue, et la France, émancipée de la tutelle de l'Église, ne nuise à l'influence politique qu'ont les prêtres au Canada. Les Anglais se montrent intolérants dans le nord-ouest ; car, dans cette région, ils n'ont pas craint de fermer les écoles françaises et d'obliger tous les citoyens à envoyer leurs enfants dans les maisons d'instruction protestante. De la part des Anglais, que nous rencontrons partout en ennemis quand il s'agit de froisser la France, cette hostilité n'a pas lieu de nous surprendre. Mais ce qui est déplorable et regrettable à tous les points de vue, c'est de voir à la tête de ce mouvement arbitraire dirigé contre la France et froissant toute une population de braves cœurs restés Français, c'est d'y voir, disons-nous, un Français d'origine, membre du Parlement fédéral, M. Laurier, qui, pour sauvegarder l'influence qu'il a dans le Parlement, a suivi le parti anglais et repousse toute demande qui lui est adressée, protestant contre les manœuvres employées. Son attitude inqualifiable a causé parmi les Canadiens français une impression d'autant plus pénible que, peu de temps avant, le même M Laurier avait trouvé bon de célébrer dans un discours acerbe à l'égard de la France les bienfaits de la conquête anglaise : « Jamais, s'était-il écrié, je ne voudrais retourner à l'alliance française. Pour moi, la liberté anglaise m'est dix fois plus chère que le sang français qui coule dans mes veines ».

Pendant notre séjour au Canada, nous avons eu l'occasion de nous entretenir avec plusieurs de nos anciens compatriotes qui jugent sévèrement les agissements de M. Laurier ; ils le désapprouvent et paraissent ne professer pour lui qu'un profond mépris. Voilà l'ennemi acharné que nous avons dans notre ancienne colonie.

Heureusement que la population canadienne française est éclairée et n'a pas pour l'ancienne mère-patrie et pour l'idée nationale la dédaigneuse indifférence de ce M. Laurier. On en a eu les preuves quand, à l'Exposition de Québec, les directeurs ont décidé que le drapeau tricolore ne serait pas arboré à côté de l'étendard anglais sur les édifices mis à leur disposition, et ceci au mépris des convenances internationales. Presque tous les journaux rédigés en français ont protesté, et l'Exposition s'est ouverte dans des conditions désastreuses, la population canadienne française s'abstenant généralement d'aller la visiter. Le côté grotesque de cet incident, c'est que M. Landry, sénateur, issu de Français encore celui-là, président de la Commission des exposants, s'est joint aux Anglais pour proscrire les trois couleurs françaises.

Que MM. Landry et Laurier ne s'illusionnent pas; leur conduite inqualifiable a été jugée par leurs compatriotes. Qu'ils n'oublient pas que l'immense majorité des Canadiens français continueront de saluer avec respect et amour le glorieux drapeau tricolore, qui a à travers le monde porté les germes de la civilisation, et qui restera partout l'emblème de la liberté. Nous, Français, nous continuerons à professer le culte le plus sacré pour ce beau pays du Canada, si souvent arrosé par le sang de nos pères, et nous conserverons les profondes sympathies envers ce peuple resté notre frère, et qui depuis si longtemps sont enracinées dans nos cœurs.

Bien peu d'entre vous, chers lecteurs, connaissent ce beau pays et ne peuvent se faire une idée de ce qu'il était lorsque nous l'avons si maladroitement perdu.

En 1890, Mgr Labelle, ministre de l'Agriculture de la province de Québec, vint en France faire un long séjour parmi nous, afin d'exciter les émigrants français de se diriger vers les deux Amériques. En 1891, M. le comte Mercier, premier ministre de Québec, vint également, pour hâter le développement des rapports commerciaux entre les deux pays, accordant à sa patrie d'origine la préférence sur l'Angleterre (ce n'est pas un Laurier, celui-là!). Partout, en France, cet homme éminent reçut l'accueil le plus flatteur et le plus chaleureux, surtout en Normandie, son pays d'origine, où des banquets en son honneur avaient été organisés.

Comme on le voit, Canadiens et Français fraterniseront toujours ensemble.

Depuis 1763, époque à laquelle nous avons perdu cette partie de l'Amérique septentrionale, les rapports entre la France et le Canada, pendant plus d'un siècle, ont été pour ainsi dire suspendus. Il se produuit en ce moment un mouvement favorable : sachons en profiter. Comme l'Alsace et la Lorraine, le Canada est pour nous une nation aimée, et nous pleurons ces deux filles que nous avons perdues. La France ne perd que quelque arpents de neige! répétaient en 1763 les courtisans de souvenir néfaste qui livraient à la vengeance de l'ennemi l'héroïque colonie qu'ils n'avaient pas su défendre. Les malheureux, ils ne comprenaient pas que nous étions dépouillés d'un magnifique empire colonial, le plus sain et le plus fertile que l'on puisse imaginer avec ses nombreux cours d'eau qui sillonnent le pays tout entier. C'était, à l'époque, un des plus beaux fleurons de la couronne des Bourbons.

Le Canada français, où notre race constitue les neuf dixièmes de la population, porte aujourd'hui le nom de Bas-Canada. Il est situé au nord-est du continent et forme le bassin du Saint-Laurent. La partie de l'Amérique britannique où domine l'élément anglais constitue le Haut-Canada. Nulle part la vie humaine est aussi longue que dans notre ancienne colonie. Dans cette confédération qui n'atteint pas 5 millions d'habitants, on constate l'existence de 104 centenaires, 1.080 nonagénaires, 9.123 octogénaires.

Québec figure au premier rang. Nulle part le sol n'est plus fertile, la végétation aussi vigoureuse et rapide ; tous les arbres fruitiers y prospèrent, les exploitations agricoles sont comme celles de Normandie et de Bretagne, pays d'origine de la plupart des Canadiens français. D'immenses forêts d'arbres séculaires, de cèdres, érables, chênes, sapins, y sont encore inexploitées. La qualité de ces bois est incomparable ; ils sont très recherchés par les Anglais pour la construction des navires. La chasse y est très fructueuse ; le gibier abonde dans les forêts ; le lynx, le cerf, le mouflon, l'ours, la martre et le castor s'y rencontrent communément, et, de ce fait, l'on produit une énorme quantité de fourrures admirables et de valeur.

La pêche fluviale y donne également de grandes ressources. Les établissements de pisciculture sont aménagés d'après la méthode d'un Français, M. Chauvassaignes. Malgré tous leurs efforts, les Anglais n'ont pas encore pu supplanter, à Montréal, la race française qui prédomine sur l'élément britannique.

En 1856, il y avait, à Montréal, 26.000 Français sur 57.000 habitants. Pour se faire une idée de l'importance des affaires qui s'y traitent, il suffit de dire que la banque de Montréal est la troisième de l'univers, après celles de Paris et de Londres. C'est en 1554 que notre illustre navigateur, Jacques Cartier, découvrit le Canada et y planta le drapeau de la France. Ce n'est qu'au commencement du XVIIe siècle, sous l'administration de Samuel de Champlain, que cette colonie prit un développement sérieux. Ce fut lui qui détermina le courant d'émigration sur la nouvelle France. En 1617, il provoqua la création de Québec, capitale du pays. En 1629, guerre entre la France et l'Angleterre; Québec, prise à l'ennemi, ne fut restituée à Louis XIII que trois ans plus tard.

Lors de la conclusion du traité de paix en 1633, peu de temps avant la mort de Champlain, Mgr de Laval Montmorency, vicaire apostolique, débarquait au Canada, et sa bienfaisante influence aida au développement de la colonie. A la même époque, les Sulpiciens devenaient possesseurs de l'île de Montréal et créèrent la ville sous Louis XIV. Le Canada était devenu un centre colonial, et Colbert le dota d'une Constitution particulière.

La guerre de la Ligue d'Augsbourg mit encore les Français aux prises avec les Anglais. Nos compatriotes se défendirent avec énergie, et, grâce à leur bravoure, le patrimoine de la France fut considérablement augmenté par le traité de Ryswick, qui nous reconnaissait la baie de l'Hudson. En 1713, le traité d'Utrecht nous enleva l'Acadie et la baie d'Hudson ; les malheureux Acadiens furent massacrés par leur impitoyable vainqueur, et enfin la guerre de Sept ans nous fit perdre le Canada. A cette époque déjà, on procédait comme de nos jours, dans nos nouvelles possessions de Tunisie, du Tonkin, voire même de Madagascar, par l'envoi des petits paquets, système condamnable, qui a toujours compromis notre situation dans nos possessions.

Louis XV, en 1756, y envoya le marquis de Montcalm avec deux bataillons. Que pouvaient faire une poignée de braves contre des forces dix fois supérieures ? En 1759, nos régiments étaient réduits à 5.000 hommes qui se trouvèrent emprisonnés dans un cercle de fer de plus de 40.000 ennemis. Les vivres, les munitions d'artillerie faisaient défaut; c'était donc déjà à cette époque comme de nos jours, la même incurie. Quatre mille vétérans français supplièrent le roi de les expédier au Canada pour aller renforcer le maigre contingent qui y était; ils s'engageaient de plus à y rester comme colons après la guerre. Louis XV resta sourd à leurs prières; sa sollicitude pour ses sujets d'outre-mer ne comportait pas ce léger sacrifice. Trois ou quatre millions eussent suffi pour l'embarquement de ces troupes d'élite, qui certainement auraient changé la face des événements au Canada et sauvé le pays. Mais ce roi coupable préférait satisfaire ses ruineuses fantaisies: c'était là tout son patriotisme !

Certain de ne pas être pris à revers par les troupes envoyées de France, l'ennemi assiégea Québec. La résistance fut sublime ; les héroïques habitants joignirent leurs efforts à ceux de nos soldats; tout homme valide de douze à quatre-vingts ans courut aux remparts où, chaque jour, les assiégés espéraient constamment voir arriver des renforts de France vainement attendus. Est-il possible, disaient ces braves, défendant leur sol, que la France abandonne sa fille aux outrages de l'ennemi ? Louis XV, dominé par la néfaste Mme de

Pompadour, n'ignorait rien de ce qui se passait, mais ne songeait nullement à envoyer secourir le Canada ; il le laissa égorger sans lui sacrifier un écu ni un soldat. Pendant trois mois, les soldats résistèrent à Québec, trois mois d'angoisse et d'épreuves suprêmes ! Le général anglais Wolf fit une nuit escalader les falaises. Les Français sortirent de leurs remparts et livrèrent bataille ; ils furent écrasés par le nombre, et l'héroïque général Montcalm tomba foudroyé, en criant à ses soldats : « Mes amis, en avant, pour la France ! »

Le général Wolf fut également blessé à mort ; mais en voyant les Français reculer, il expira, en disant : « Je meurs content. » Après la prise de Québec, cette partie de l'Amérique était perdue pour la France, comme l'ont été les Indes, Malte, la Syrie, et comme paraît l'être en ce moment l'Égypte.

C'est ainsi qu'en 1763 le traité de Paris abandonnait à notre ennemie, l'Angleterre, cette terre fécondée par le génie français et arrosée du sang de nos plus braves soldats. Le Canada a le droit d'être fier de ses derniers défenseurs, qui ont lutté jusqu'à la mort pour la patrie et la liberté, en dépit d'un pouvoir central égoïste et félin. Honneur à ces braves ! En 1763, tous ceux de nos compatriotes qui possédaient quelques ressources revinrent en France. Seul un groupe de 63.000 des nôtres consentit à rester sur le territoire annexé ; ils se groupèrent autour de leurs prêtres et en firent leurs chefs politiques.

Comme l'Allemagne en Alsace-Lorraine, l'Angleterre multiplia les persécutions, en appliquant pendant dix ans la loi martiale ; mais ces braves Canadiens restèrent inébranlables dans leur foi et dans leur patriotisme. Devant cette résistance, ils s'effrayèrent des conséquences que pourrait entraîner une révolte au Canada, alors que leurs nouvelles colonies menaçaient de se mettre en rébellion contre leur autorité. Ils accordèrent, en 1774, par l'édit de Québec, certains adoucissements ; le gouvernement militaire fut remplacé par une administration civile, qui rendit aux Français la faculté de célébrer ouvertement leur culte. La ténacité bretonne et la finesse normande triomphèrent de l'orgueil et de la violence britanniques, bien que les concessions de l'Angleterre n'eussent été ni spontanées ni désintéressées. Les Français du Canada en furent reconnaissants ; ils eurent bien tort. La mémoire du cœur est un des apanages de notre race, que l'oppression exaspère sans profit pour les tyrans, mais que la douceur désarme : telle est la raison pour laquelle, en 1776, les Canadiens refusèrent d'écouter Washington, qui, avec La Fayette et le marquis de Rochambeau, souleva la nouvelle Angleterre contre la métropole.

Mais après, les Anglais, peu scrupuleux et de mauvaise foi dans bien des circonstances, oublièrent les promesses faites à l'heure du danger et recommencèrent jusqu'en 1811 la guerre contre l'élément français. A cette époque, les Anglais se brouillèrent avec la République des États-Unis. Ils renouvelèrent à l'égard de nos compatriotes le système qui leur avait si bien réussi en 1776 ; ils les comblèrent de caresses (les traîtres !). C'est en agissant avec autant de mauvaise foi et de perfidie qu'ils décidèrent les Canadiens à s'opposer, les armes à la main, aux tentatives que les concitoyens firent en 1812 pour s'emparer du Canada. Le gouverneur de l'Amérique anglaise, à cette époque, sir Provost, était aussi habile et rusé que l'est en ce moment lord Cremer en Égypte. Ces diplomates sans scrupule ont toutes les audaces.

Quand la crise fut conjurée, les Anglais, fidèles aux procédés de mauvaise foi qui les caractérisent si bien, se tournèrent contre leur allié, et la lutte contre la nationalité française reprit avec une nouvelle énergie. Ils devinrent si tyranniques que, en 1837 et 1838, des insurrections éclatèrent. Des braves patriotes, qui s'étaient soulevés pour la défense de leurs droits, n'avaient pour toute arme que des faux et un canon de bois qu'ils avaient fabriqués ; ils se battirent en désespérés contre leur oppresseur. La lutte était inégale ; ils furent écrasés et de nombreuses victimes furent envoyées au supplice.

Cette légitime révolte ne fit qu'accroître les rigueurs. En 1840, l'usage même de la langue française fut proscrit dans les actes officiels. Ils s'imaginaient avoir atteint le but de leurs efforts ; leur illusion fut de courte durée.

Cette population française, naguère réduite à 63.000 habitants, avait atteint, en 1866, près de 1 million.

Cette race mutilée, qu'ils croyaient écrasée, s'était merveilleusement reconstituée, et la maigre phalange de catholiques, dont ils avaient espéré faire des protestants, était devenue légion. Ce groupe compact, encouragé par les prêtres catholiques qui se dévouaient à leurs revendications justifiées, résolut de tout tenter pour la défense de ses droits. Devant cette énergie appelée à compromettre gravement les intérêts britanniques, l'Angleterre, forcée et contrainte, en présence du péril menaçant, se décida à faire du Dominion of Canada une confédération autonome, en laissant chaque province maîtresse chez elle. Les Canadiens français obtinrent d'une façon définitive et complète la reconnaissance officielle de leur nationalité, de leur religion, de leurs lois, et l'admission de leur langue dans les actes publics et discussions parlementaires. Le vieux drapeau de Montcalm avait pris sa revanche sur le drapeau britannique.

Le sang gaulois triomphait.

Animés de convictions ardentes, respectueux de l'autorité et des supériorités sociales, scrupuleux observateurs des lois, ils n'ont pas été contaminés par l'esprit d'indiscipline, trop souvent manifesté par nous. A tous égards, leur caractère se confond avec le nôtre ; la bravoure chevaleresque, la générosité, la sensibilité du cœur, la franchise, la courtoisie forment un ensemble de qualités conservées aux Français de l'ancien et du nouveau monde.

Les Américains, qui ne brillent pas toujours par

le savoir-vivre, appellent les Canadiens le peuple
gentilhomme. Les Canadiennes, du jour de leur entrée en ménage, n'ont guère le loisir de se livrer aux
plaisirs mondains ; tous leurs instants sont consacrés
aux devoirs de la maternité, car la fécondité de la
race canadienne est prodigieuse ; c'est ce qui constitue,
du reste, sa force et fera son avenir. La perspective
d'une existence un peu rude et d'un labeur opiniâtre
n'effraye pas le Canadien. De plus, il est très religieux,
fervent croyant, et ne voudrait pas se soustraire aux
obligations de la nature ; il est trop sincère pour cela...

Cet attachement si profond des Français d'Amérique pour la langue du vieux pays n'est-il pas tou-
chant ? Oh ! le vieux pays, comme ils l'aiment ! Dans
toutes les grandes cérémonies, une escorte d'honneur
va chercher le drapeau de Montcalm, celui-là même
que les héros de 1759 défendirent avec tant d'énergie
et de vaillance, et qu'ils ont si pieusement conservé.
Il figure dans les processions après le Saint-Sacrement.
Le drapeau tricolore, ils le considèrent tout à la fois
comme le symbole de la mère-patrie et comme l'emblème de la race gauloise tout entière. En 1870, lors
de nos désastres, la consternation était grande au Canada. Dans les rues de Québec et de Montréal, des centaines de jeunes gens assiégeaient les portes des consu-
lats, demandant à venir défendre la France en danger.
C'était la même fièvre patriotique, la même douleur
nationale. Dans les églises, les dames faisaient des
quêtes pour secourir nos blessés, les yeux tournés

vers la mère-patrie. Les Canadiens participaient à nos gloires, à nos joies, pleuraient sur nos désastres et souffraient de nos douleurs. Sachez, braves cœurs, que vous n'avez pas affaire à des ingrats, et qu'en France nous vous aimons tous malgré ces cent cinquante-sept ans de séparation. Et cependant, lorsque nous causions avec des Canadiens et leur demandions s'ils voudraient revenir Français, ils nous répondaient : « Non », sans aucune hésitation. Ils sont Canadiens avant tout et veulent rester Canadiens.

Ils nous aiment de tout cœur, mais notre genre de vie les effraye. Leurs habitudes ne sont pas les nôtres ; sous bien des rapports ils nous sont supérieurs. Dans leur Parlement, ils sont comme en Angleterre ; il y a les tories et les wighs, c'est-à-dire les conservateurs et les libéraux qui se disputent le pouvoir. Les conservateurs sont énergiquement partisans du *statu quo*, autrement dit du protectorat anglais, se trouvant satisfaits des libertés qui leur ont été accordées. Également résolus à observer le pacte conclu entre l'Angleterre et le Canada, les conservateurs d'origine française jettent timidement les regards vers l'horizon lointain et cherchent à découvrir l'astre qui éclairera peut-être un jour, à l'époque que Dieu fixera, une France nouvelle entièrement maîtresse de ses destinées sur le terrain économique.

Les conservateurs sont protectionnistes ; ils le sont, non seulement avec l'Europe, mais avec les États-Unis. A les en croire, l'établissement du libre échange entre

10.

le Dominion et la grande République acheminera sûrement le Canada vers l'annexion aux États-Unis. Tels sont les sentiments, les espérances et les craintes des conservateurs canadiens.

Au point de vue politique, les libéraux sont divisés en trois parties : les partisans du *statu quo*, ceux de l'indépendance (et ils sont les plus nombreux) et les annexionnistes qui veulent faire entrer le Canada dans la Confédération américaine. Mais cependant beaucoup de nos compatriotes forment des vœux pour la rupture de tout lien politique entre le Dominion et l'Angleterre, dans l'espoir que cet événement hâterait le moment où la province de Québec pourrait à son tour s'ériger en État français indépendant.

Que Dieu exauce leurs vœux : tel est le désir que, nous autres Français, nous formulons, étant donné qu'une haine sourde existe toujours entre Français et Anglais qui, pour la France, resteront toujours nos plus redoutables ennemis coloniaux, quoi qu'on en dise. Les Français Canadiens n'ont point oublié, ni leurs souffrances d'autrefois, ni les massacres de 1837! L'antagonisme est très grand entre les Patriotes qui se souviennent et leurs congénères Laurier et autres ralliés aux Anglais. Ils voient aussi avec colère les empiétements continuels des Anglais sur leurs droits constitutionnels.

Le fait est que le Canada souffre en ce moment d'un malaise très réel provoqué par les mesures fiscales prises il y a deux ans envers lui, comme à l'égard de l'Europe, par les États-Unis et sous l'instigation de M. Blaine. Pendant notre séjour, nous nous sommes entretenus à diverses reprises avec des négociants et des agriculteurs, qui nous disaient que les mesures prises avaient gravement compromis la situation commerciale. L'agriculture est atteinte, nous disaient-ils, et l'émigration prend des proportions inquiétantes !

Malgré les raisons invoquées en faveur du libre échange, les conservateurs qui détiennent le pouvoir à Ottawa se refusent obstinément à entrer dans la voie des concessions. Leur intransigeance est grosse de conséquences pour l'avenir et fera certainement naître un jour ou l'autre de graves complications. Il serait cependant téméraire d'escompter de son vivant la succession de sir John Bull, et les Anglais s'opposeraient par la force à toute tentative séparatiste. L'Angleterre tient à ses possessions américaines pour deux raisons : en premier lieu, son orgueil national lui interdit de ne rien faire qui puisse favoriser les entreprises annexionnistes, et ensuite parce qu'elle vient de construire un chemin de fer qui traverse le continent canadien dans toute sa largeur, de l'Atlantique au Pacifique.

Ce chemin de fer, établi parallèlement à la voie ferrée américaine, relie également à quelque cent lieues plus bas les deux Océans ; mais la ligne canadienne semble devoir bientôt arracher la suprématie commerciale à sa rivale des États-Unis et lui faire une redoutable concurrence. C'est en effet la route la plus courte et la plus directe pour se rendre maintenant d'Europe dans l'Extrême-Orient; aussi le nouveau chemin de fer « The Great Trunk » est-il appelé à un avenir colossal.

Les Anglais, en gens pratiques, ne reculent devant aucun moyen, et « tous leur est bon » pour s'assurer les voies de communications qui leur sont nécessaires, l'Espagne par Gibraltar, l'Égypte pour le passage des Indes, par le canal de Suez et la mer Rouge, Chypre, Malte. Ne sont-ils pas les maîtres de la Méditerranée? Que leur faut-il encore?

Néanmoins, le Canada peut très bien un jour ou l'autre leur échapper, soit par l'œuvre du temps, cette maîtresse des destinées, soit par le fait de circonstances particulières. Supposons, par exemple, une guerre européenne dans laquelle l'Angleterre serait engagée, les ennemis de l'Angleterre en profiteraient pour tenter de rompre le lien qui relie Québec à Londres et qui n'est pas indissoluble; ils réussiraient probablement.

Mais si le plus sain des devoirs est, pour les Canadiens, d'arriver à garder leur indépendance, leur premier soin est de résister à la poussée de leurs puissants voisins d'Amérique, car l'annexion pour eux serait encore plus dangereuse que la domination anglaise. Pendant notre séjour à Washington, nous avons eu la bonne fortune de nous entretenir longuement avec un membre de la Chambre qui ne nous cachait pas l'ambition des États-Unis et ses espérances! Se réaliseront-elles? telle est la question.

Les Canadiens partisans de l'annexion vous disent,

pour combattre l'opinion de leurs compatriotes qui préfèrent le *statu quo* : Voyez quels développements ont pris nos colonies aux États-Unis. Près d'un million de Français sont établis de l'autre côté du Niagara. Ne conservent-ils pas leur nationalité, leur langue, leurs usages, leur religion ? Pourquoi la province de Québec aurait-elle plus à craindre des Yankees que les colons qui sont disséminés sur leur territoire ?

Devenons donc Américains. En cas d'annexion, la situation des Canadiens à l'égard du peuple américain n'offrirait aucune analogie avec celle où se trouvaient leurs ancêtres en 1763 par rapport aux Anglais ; ils ne défendraient pas leur pays avec l'énergie farouche que leurs pères opposèrent jadis aux Anglais. Les Yankees envahiraient par milliers la province de Québec, non pas en conquérants, mais en amis, en compatriotes, et s'empareraient promptement des situations industrielles et politiques. Une révolution profonde s'accomplirait dans le pays ; mais elle serait favorisée par la complicité de l'élément indigène qui, n'étant animé d'aucun esprit d'hostilité, n'opposerait aucune résistance sérieuse.

L'émigration canadienne aux États-Unis s'accentue chaque jour ; mais les enfants de ces immigrés sont bien plus accessibles que leurs ascendants à l'assimilation américaine et finissent par adopter la langue et les usages anglo-saxons.

L'ensemble du Canada forme une confédération composée de sept provinces, qui sont : Québec, Ontario, Nouvelle-Écosse, Nouveau Brunswick, Prince Édouard, Manitoba et Colombie, formant à eux tous une population de 4.800.000 habitants. La capitale du Dominion est Ottawa, où se tient le gouvernement anglais. Le Sénat a 77 membres nommés à vie, le Parlement 215 membres élus par un suffrage très étendu, sans être pour cela universel. Les législatures provinciales sont indépendantes du Parlement fédéral ; elles règlent comme bon leur semble leur budget particulier. Mais le code pénal des lois anglaises y est uniforme. L'indépendance des colonies anglaises en Amérique est à peu près complète. Heureux pays où les charges du militarisme qui écrase l'Europe sont totalement inconnues !

Le Canada français est pourvu d'un Parlement composé de deux Chambres, le Conseil législatif, une sorte de Sénat, et une Assemblée législative.

Le gouvernement fédéral ne salarie aucun culte. Les Canadiens français, profondément attachés à la religion catholique, ont tenu à pourvoir largement à l'entretien de leur clergé et à celui de leurs églises. Dans chaque paroisse, le clergé est autorisé à prélever la dîme. Ce mot en France écorcherait terriblement nos oreilles. Cet impôt, dont le souvenir fait naître chez nous tant de colères rétrospectives, est, au contraire, très populaire au Canada. On l'accueille avec d'autant plus de faveur qu'il est volontaire, et jamais personne ne pense à s'y soustraire. Comme conséquence de cette religion qui donne les mœurs les plus pures, le respect de la famille et la crainte en Dieu, le nombre des crimes et des délits soumis aux tribunaux est très restreint. La justice est administrée de la façon la plus paternelle.

Voilà des effets que la République Française peut méditer, car elle a, dans le sens contraire du Canada, par tous les moyens possibles, entravé la religion, porté atteinte aux croyances, laïcisant les écoles et en laissant chasser de la plupart des hôpitaux les sœurs de Charité qui, avec un dévouement sans égal, prodiguaient leurs soins aux malades, en sachant par leur langage élevé apporter un soulagement à leurs souffrances et ranimer bien des défaillances. Que de traits héroïques accomplis par ces saintes femmes ne pourrait-on pas citer, qui en toute circonstance sont héroïques et capables des plus grands dévouements! Il en ressort clairement que les perturbations apportées dans nos mœurs n'ont produit que des résultats fâcheux ; car, sous aucune forme de gouvernement, la criminalité n'a été aussi grande.

Les Canadiens sont fiers à juste titre des résultats qu'ils ont obtenus en sachant conserver chez eux les croyances religieuses. Aussi est-il d'usage d'offrir une paire de gants blancs au juge président qui, pendant la durée d'une cession, n'a pas eu à exercer ses pouvoirs répressifs. Le cas est commun, car bien des magistrats canadiens pourraient fournir des gants à tous les membres du tribunal de la Seine.

Comme code civil, les Canadiens français ont

adopté la coutume de Paris légèrement modifiée. Comme nous, ils ont supprimé les redevances d'un autre âge; mais cette suppression s'opère progressivement. Tout citoyen peut, moyennant le paiement d'une faible indemnité, s'affranchir des rentes foncières reconnues par l'ancien droit. Aussi trouve-t-on beaucoup de terres exemptes de toutes charges.

Dans la province de Québec, le tiers du sol attend encore la charrue; la fertilité offre à l'émigrant des avantages exceptionnels. Mgr Labelle, le grand colonisateur canadien, récemment décédé, un des hommes les plus remarquables de son pays, entraînait chaque année dans la région, encore vierge de toute culture, ses compatriotes qui fondaient des villages et des centres agricoles. Mais son œuvre n'a pas péri; elle se poursuit toujours activement.

Dans la province de Québec, les terres neuves s'y vendent de un à trois francs les deux hectares, souvent même elles sont données. On compte encore au Canada 12.000 Indiens devenus sédentaires et pliés pour la plupart aux exigences de la civilisation. Ils se font canotiers et pilotes et occupent près de Québec et de Montréal des villages très pittoresques. Ce n'est guère que dans l'ouest que ces Peaux-Rouges peuvent parfois inspirer de l'inquiétude aux colons. En effet, en 1885, ces peuplades encore sauvages ont prouvé qu'elles étaient redoutables en prenant part à l'insurrection fomentée par Riel, Canadien Français. C'était un homme de grande valeur qui, dès le début de sa carrière, s'était constitué le champion de l'émancipation politique de notre race. C'est à lui que l'on doit l'élection du Manitoba en province autonome en 1870. Mais Riel, ce courageux Français, entraîné par son patriotisme, voulut aller plus loin. Il tenta d'arracher par la force le Canada à la domination britannique; mais après quelques jours de combat, il fut vaincu avec ses troupes.

Le général anglais Middleton s'empara de Riel et le fit pendre comme un vulgaire malfaiteur. Cependant ses patriotiques aspirations lui ont survécu.

Les Canadiens français, comme les Alsaciens et es Lorrains, sont de ceux qui se souviennent.

Québec

De Montréal à Québec, par le bateau, le voyage est aussi des plus agréables à faire.

Québec, chef-lieu de la province de Montréal, est une jolie petite ville qui s'étage sur un promontoire dominant le lac Saint-Laurent. Ses rues escarpées, les enseignes de ses magasins, l'apparence de ses édifices, la bonhomie familière de ses habitants rappellent le bon vieux temps. Comme à Montréal, cette population sympathique nous accueille avec cordialité, heureux de revoir des Français.

Tranquille et peu commerçant, le chef-lieu du Bas-Canada constitue en revanche un centre intellectuel et universitaire de premier ordre. On peut dire que Québec est la tête du Canada et que Montréal en est le cœur.

Québec, avec ses 210.000 habitants, est la grande métropole commerciale de la région et rivalise avec New-York par l'importance de son trafic.

Comme à Montréal, les habitants y sont très religieux. Cette province possède plus de 4.000 établissements pédagogiques fréquentés par 25.000 élèves. L'instruction dans le Canada est presque exclusivement confiée au clergé catholique, qui se montre généralement accessible aux idées de tolérance et de progrès en honneur dans les diocèses des États-Unis.

L'enseignement est donné aux filles dans les couvents. Les institutrices congréganistes s'appliquent surtout à développer chez leurs élèves les connaissances pratiques utiles aux ménagères et les sentiments de moralité nécessaires dans la vie. Toutes ces jeunes filles deviennent des épouses dévouées et des mères de famille modèles. Ce genre d'éducation si appréciable, et dont les effets sont si bienfaisants, n'est malheureusement pas assez pratiqué en France.

L'instruction est très développée dans toute l'Amérique anglaise. Il n'est pas, en effet, de pays où elle soit poussée comme au Canada. La province de Québec, en particulier, pourrait être choisie comme modèle par la plupart des nations d'Europe.

L'enseignement secondaire supérieur ou professionnel y est également on ne peut plus florissant.

Dans la seule province de Québec, il y a près d'un million et demi de Français jouissant d'une autonomie très réelle et de prérogatives spéciales concédées à leur nationalité. Et non seulement la race française a reconquis sur l'élément anglo-saxon la province de Québec, berceau de son origine en Amérique, mais encore elle s'étend de plus en plus dans le Haut-Canada. Chaque jour, elle gagne du terrain dans la province d'Ontario, où plusieurs comtés possèdent des majorités françaises. Chaque jour elle se développe davantage dans le nouveau Brunswick, cette ancienne Acadie où les Anglais avaient autrefois par des massacres assuré pour un temps la prépondérance absolue, et qui compte aujourd'hui plus de 150.000 habitants de notre sang.

Nos anciens compatriotes sont également établis en grand nombre dans le Manitoba et dans plusieurs autres provinces. Bientôt le Dominion contiendra 2 millions de Français. Ils tendent à envahir le Canada tout entier et entament les territoires des États-Unis qui bordent la province de Québec.

Ils sont près d'un million, groupés pour la plupart dans le nord-ouest de la grande République, où ils achètent à bon compte des fermes que les Américains leur cèdent volontiers pour aller chercher fortune dans les anciennes réserves indiennes récemment ouvertes à la colonisation.

Les Canadiens émigrés aux États-Unis, tout en continuant de se livrer à la culture des terres, envahissent, en outre, par milliers les établissements industriels des régions qu'ils occupent. Des manufactures importantes sont entre les mains de capitalistes d'origine française. Mais bien que fixés sur la terre étrangère sans espoir de retour, les émigrés entendent néanmoins y conserver leur langue, leur religion, leurs institutions sociales. Leur étroite cohésion éloigne les Yankees de leurs villages. Dans les petites villes, ils s'organisent par paroisses et se groupent autour de leur église dans un seul quartier, que les Américains eux-mêmes nomment le quartier français.

Les Français nés sur le territoire des États-Unis, promptement imbus des idées américaines, imprégnés de leurs mœurs, familiarisés avec leur langage, forment un contraste frappant, même au physique, avec leurs congénères du Dominion. Les Américains favorisent d'ailleurs de tous leurs efforts cette assimilation. Ils ont fait de la Louisiane, où l'élément français, submergé par la marée anglo-saxonne, a perdu toute originalité, toute influence en tant que de race distincte, leur propriété, et ils ont su substituer l'anglais au français dans la rédaction des actes officiels. Tout élément français a donc disparu.

Il est évident que la constante préoccupation des Américains est de façonner le plus rapidement possible à la langue anglaise et aux usages d'origine britannique les populations cosmopolites qui viennent tenter la fortune sur leur sol, et une surveillance jalouse est exercée envers ceux qui paraissent réfractaires.

En ce moment, dans leur Parlement. les Américains discutent la question de savoir si, pendant un certain nombre d'années, ils n'interdiront pas chez eux l'immigration européenne. La question n'a pas encore été résolue. A ce sujet, il s'est formé à Baltimore un nouveau parti politique, dont le but avéré est de provoquer des mesures de rigueur contre les individus suspects de tendance particulariste. Est-ce ainsi qu'ils comprennent la liberté ?

Cela démontre combien les Yankees sont hostiles aux velléités nationales des Canadiens. Les journaux irlandais, la *Catholic Review*, le *Fremail* de New-York, le *Catholic Union*, le *Boston-Pilot*, partent continuellement en guerre contre la langue et les usages français, auxquels les immigrés canadiens paraissent encore attachés. Ces journaux font chorus avec les feuilles protestantes, qui exigent impérieusement le nivellement de toutes les aspérités nationales sur le sol des États-Unis.

Ainsi, dans certains États, les lois scolaires, spécialement dirigées contre les Français, nombreux dans ces contrées, ont porté une atteinte sérieuse aux droits essentiels de nos compatriotes sur l'éducation de leurs enfants.

En résumé, l'annexion du Canada aux États-Unis

porterait un coup terrible à la nationalité française. En Amérique, elle ne s'impose nullement aux intérêts matériels du Dominion. Le plan de bataille du chef des partis français doit donc être de travailler sans relâche à la propagation des idées d'émancipation, tout en combattant les tendances annexionnistes. Cette tâche, assurément délicate, n'est pas au-dessus de leurs forces ; avec de l'énergie et de la prudence, ils éviteront de conduire l'esquif national sur des rochers meurtriers.

Nous devons, nous Français, souhaiter d'autant plus le triomphe de nos compatriotes pour l'indépendance du Canada que la création, en Amérique, d'une nation sœur de la nôtre amènerait entre les Français de l'Ancien et du Nouveau Monde une entente fructueuse, basée sur la communauté d'origine, la réciprocité des sentiments et la similitude des intérêts.

Comme en Égypte, les Anglais au Canada cherchent toujours à trouver des prétextes pour terroriser les populations et exciter des représailles ; pour affirmer leur puissance, ils cherchent toujours à provoquer des tumultes, comme encore dernièrement à Alexandrie. Il y a deux ans, au Canada, leurs journaux n'ont-ils pas annoncé avec grand fracas que plusieurs jeunes gens de Montréal, parmi lesquels se trouvait M. Henri Mercier, fils de l'ancien ministre, avaient projeté de faire sauter la statue de l'amiral Nelson, érigée sur la place Cartier. Leurs journaux, avec leur mauvaise foi habituelle, ajoutaient que l'explosion aurait certainement causé de grands dégâts, si un loyal sujet de Sa Gracieuse Majesté, ayant surpris le secret du complot, n'avait averti l'autorité.

Les Canadiens ont aussitôt pensé que les Anglais voulaient encore leur chercher une querelle d'allemand, afin de pouvoir porter un coup perfide au parti français, en grossissant dans des proportions formidables un incident sans importance (ils sont du reste coutumiers du fait).

Leurs prévisions ne se sont pas réalisées, étant donné que le prétendu attentat de Montréal, imaginé par les Anglais, n'était que tout un petit épisode de la lutte à outrance qui se poursuit dans l'Amérique septentrionale entre les Anglais et le parti français.

Autour de notre honorable compatriote, M. Mercier père, ancien ministre, se sont groupés les patriotes qui aspirent à l'indépendance, et combattent contre les empiétements de la couronne. Aussi M. Mercier est-il victime des persécutions les plus odieuses que les Anglais ne cessent de diriger contre cet éminent homme d'État. Après avoir, en 1867, accordé à la province française de Québec une autonomie très réelle, avoir reconnu notre langue comme officielle dans l'ensemble du Canada, au même titre que l'Anglais, accordé aux écoles catholiques du Dominion, les mêmes droits qu'aux établissements scolaires protestants, les Anglais viennent aujourd'hui sans scrupule rogner les engagements qu'ils avaient formellement contractés, violer la foi jurée dans les provinces où l'élément français est trop faible pour se défendre.

Dans le Manitoba, ils ont supprimé la langue française, et refusent de subventionner les écoles catholiques, ils emploient la même tyrannie que l'Allemagne vis-à-vis de l'Alsace-Lorraine.

Malheureusement, la lutte est inégale contre ce peuple reniant ses engagements; il se trouve du reste encouragé dans ces agissements déloyaux par la portion des Canadiens ralliés à l'Angleterre, et inféodés maintenant au parti conservateur britannique. Ces égarés reniant leur race professent une telle horreur pour le parti français qu'ils répudient toute alliance avec lui : voilà où en sont arrivés ces malheureux, c'est triste ! Comment expliquer une telle animosité, se dira-t-on ? Par diverses raisons dont la principale est qu'il y a dissentiment en matière religieuse entre les conservateurs et les libéraux appartenant à notre race. On ne saurait nier que c'est le clergé catholique qui a créé dans l'Amérique septentrionale et aux États-Unis une nation nouvelle, de même origine que la nôtre; il a bien mérité de la religion et du nom de français. Aussi rendons-nous pleine justice à son énergique dévouement.

Malheureusement la continuation du prélèvement de la dîme crée, à l'heure actuelle, des dissentiments entre les partis. Ce sont ces privilèges d'un autre âge que le clergé romain détient, et qu'il n'exerce pas toujours avec modération, qui suscitent la divergence des opinions. C'est au clergé catholique, en présence des événements qui s'accomplissent, de faire des concessions, et de ramener sur le terrain de la conciliation les partis qui sont prêts à se dévorer.

Sa sage clairvoyance le lui commande.

Dans la province de Québec, la dîme encore prélevée comme au moyen âge ; des exemptions de taxe existent en sa faveur, l'état-civil des citoyens est entre ses mains, l'enseignement public lui appartient exclusivement. En outre, les prêtres s'arrogent dans notre ancienne colonie un droit de contrôle sur la vie privée des particuliers, et pour des motifs étrangers à la religion attaquent en chaire des personnes honorables. C'est ainsi qu'un homme de valeur, une des gloires de l'Amérique, un écrivain et un poète, qui honore grandement le nom français dans l'ancien et le nouveau monde, et dont les œuvres ont été couronnées par l'académie française, M. Louis Fréchette, est continuellement en butte aux attaques de prédicateurs fanatiques. Cependant, M. Fréchette est un catholique convaincu et pratiquant dont le seul crime est de ne pas cacher ses opinions libérales et républicaines. Esprit conciliant, patriote au cœur ardent, il redoutait d'attiser par un débat public les haines déjà si multiples contre les Français, il préférait souffrir ; l'autorité diocésaine devait mettre un terme à de tels scandales, c'était son devoir, elle ne l'a pas fait.

Comme on le voit, il existe des abus à supprimer, des errements à modifier, sans pour cela porter atteinte au droit légitime du clergé qui a tant fait pour cette deuxième France. Les esprits les plus modérés seraient disposés à remplacer la dîme à laquelle les habitants de Québec se soumettent d'assez bonne grâce, mais qui de nos jours constitue un impôt inquisitorial et vexatoire par un traitement fixe, assuré aux prêtres.

La terreur de voir les libéraux entrer dans la voie des réformes est si vive que pour leur barrer le chemin, les ultra-cléricaux n'hésitent pas à pactiser avec les ennemis de leur race et de leur religion : voilà qui est odieux de leur part.

Depuis longtemps, les libéraux français étaient réduits à l'impuissance dans le bas Canada, quand notre éminent compatriote, M. Mercier, fit son apparition. Puissant orateur, ardent patriote, doué d'une énergie sans pareille, cet homme de bien réussit, il y a quelques années, à grouper dans le Parlement provincial une majorité libérale qui s'inspirait non seulement de tendances progressistes, mais encore de sentiments tendant à la séparation des lois.

L'honorable M. Mercier fut considéré par les Anglais comme un ennemi national, alors que de leur côté les cléricaux le redoutaient comme un novateur. Les Anglais voyaient juste, mais les cléricaux se trompaient. Arrivé au pouvoir, il ne pensa même pas à organiser contre les ultra montains l'ombre d'une défense. Cet homme bon, brave et généreux, suivit une politique de conciliation ; son attitude humble ne désarma pas ses adversaires, les sectaires anglicans et les coryphées du catholicisme intransigeant enlacés dans un hideux accouplement politique se liguèrent contre cet homme vénérable, et sans scrupule engagèrent contre lui une guerre au couteau.

Il y a deux ans, ils crurent le moment venu de le frapper en plein cœur. Cet homme omnipotent les gênait. M. Mercier, en sa qualité de premier ministre de Québec, vint en France, dans le louable but de renouer des relations commerciales entre son pays et le nôtre, et de négocier sur le continent un emprunt officiel. Une fois débarqué sur notre territoire, M. Mercier, heureux de se retrouver dans son ancienne patrie, parut oublier qu'il était sujet anglais, et dans un banquet qui lui était offert par l'alliance française, entraîné par son cœur, et tout heureux de revoir sa belle France, il prononça ces paroles hardies :

« Oui, sans doute, nous respectons le drapeau britannique, mais nous en connaissons un autre, celui de la France, oh! celui-là, baisons-le à genoux! »

Aux fenêtres de son habitation provisoire à Paris, un étendard aux couleurs françaises, avec le mot Québec, avait été arboré. On eût dit l'emblème d'une nouvelle république de sang gaulois, prête à apparaître à l'horizon politique. M. Mercier s'arrangea de manière à conclure son emprunt à Paris, oubliant les banques de Londres. On comprend les cris de fureur poussés par les Anglais, en présence de semblables manifestations. A leurs yeux, ce patriote dévoué n'était qu'un traître digne de la corde ou du billot, sur lequel les patriotes Canadiens eurent la tête tranchée en 1837.

Ces Anglais, qui ont commis à notre égard tant de procédés blessants, voulaient encore agir avec barbarie envers celui qui paraissait démontrer quelques sympathies à la France ; nous le connaissons, ce peuple fourbe, sans scrupule, où depuis des siècles, dans maintes circonstances, il nous a été donné de le juger.

Mais ce qu'il y a de plus écœurant dans la campagne que les Anglais entreprenaient contre M. Mercier, c'est d'y voir les cléricaux français du Dominion faire cause commune avec eux.

En quittant Paris, M. Mercier se rendit auprès du Saint-Père pour aplanir certains litiges jugés depuis longtemps comme insolubles. Le premier ministre, avec sa compétence en affaires, dont l'esprit conciliant égale la haute intelligence, réussit dans sa mission délicate, et rendit à la religion catholique, ainsi qu'à sa patrie, les plus éclatants services. Le pape, cet illustre pontife, à l'esprit libéral et au grand cœur, comprit si bien cette vérité qu'il daigna traiter M. Mercier d'une façon toute paternelle, le combla de faveurs, et le créa comte. Ces témoignages d'une auguste satisfaction ne désarmèrent pas l'hostilité de ses adversaires. Ils profitèrent même de l'absence de leur victime pour la frapper en arrière. Quelle lâcheté ! Ils s'emparèrent d'un grief futile pour en rejeter perfidement la responsabilité sur M. Mercier.

Certaines irrégularités, sans importance du reste, avaient été commises dans la province de Québec, au sujet des élections. Les agents subalternes qui en étaient la cause furent dénoncés. Mais les conservateurs, encouragés par les sujets de la perfide Albion, se mirent à pousser des cris d'autant plus aigus qu'ils cherchaient à détourner l'attention de leurs concitoyens sur les forfaits commis, à la même époque, au sein du gouvernement d'Ottava par des gens de leur parti qui y régnaient en maîtres. Quelle audace avaient ces hommes éhontés !

On juge quels formidables hurlements durent pousser les conservateurs de Québec, pour donner dans leur province le change à l'opinion publique. Eh ! bien, avec leur aplomb imperturbable et leur haine implacable, ils y réussirent. Tous les moyens, même les plus condamnables, les manœuvres les plus déloyales furent employées. Leur attaque fut si vive et surtout si inattendue qu'elle porta le désarroi dans les rangs des amis de M. Mercier, déroutés par l'absence de leur chef retenu en Europe pour des affaires de la plus haute importance. Quand il fut de retour, le coup était porté, et la province de Québec se trouvait en proie à la plus vive agitation.

Bien convaincus que M. Mercier sortirait victorieux d'un débat parlementaire (car on devait le laisser user de son droit comme membre du Parlement) où il lui serait facile de prouver les agissements inqualifiables de ses calomniateurs et les réduire au silence. Les conservateurs et les représentants du gouvernement anglais procédèrent révolutionnairement contre lui en le traduisant d'emblée devant une commission d'enquête choisie par eux, comme étant dévouée à leurs idées, et firent prononcer la dissolution de la Chambre.

Alors commença contre le parti français une campagne électorale furibonde à laquelle le clergé catholique (bien coupable en cette circonstance) prit une part très active. L'épiscopat intervint même en faisant paraître un mandement, manifestement dirigé contre les libéraux, et dans lequel il prémunissait les fidèles contre la corruption électorale. Bref, l'assaut fut dirigé avec une telle fureur, les adversaires ne reculant devant aucuns moyens, même les plus désavoués, que le parti dont M. Mercier était le leader subit aux élections de 1891 un désastre complet. C'était le moment impatiemment attendu par les conservateurs pour appliquer le coup de grâce à leur ennemi.

Peu s'en fallut que le grand patriote, qu'en France nous aimons et qui avait produit en Europe une impression si favorable, ne fût incarcéré comme un malfaiteur. On le traduisit en cour d'assises, car les Anglais voulaient l'effondrement complet de cet homme gênant, estimé de ses compatriotes. Ils allaient même jusqu'à se figurer qu'ils pourraient acheter la conscience des juges en leur arrachant une condamnation. S'il est vrai qu'il n'y ait plus de juges à Berlin, il n'est pas moins certain qu'il en existe encore à Montréal, ce qui fait le plus grand honneur à la magistrature canadienne.

Devant son innocence qui paraissait limpide comme la lumière du jour, éclatante comme les rayons du soleil, l'honorable M. Mercier fut acquitté. Ce fut un effarement général, parmi ces anciens Français vendus à l'Angleterre, et dans le parti anglais qui ne pouvait pas croire que, en plein territoire britannique, on pût encore rencontrer des gens assez effrontés pour préférer la justice au loyalisme.

Devant la défaite de ses adversaires, M. Mercier fut l'objet d'immenses manifestations qui se produisirent à son égard. C'était plus qu'une réhabilitation pour le grand patriote, c'était un triomphe éclatant. Il reconquit aussitôt son siège de député pour le comté de Bonaventure. Depuis cette époque, M. Mercier, n'ayant plus aucun ménagement à garder vis-à vis de la traîtresse nation qui avait tenté de le faire disparaître de la scène politique, s'est ouvertement déclaré le champion de l'indépendance canadienne, en proclamant sans ambages que ses efforts tendent à détacher l'ensemble du Dominion de la couronne britannique pour l'ériger en un État libre, et fortifier encore par ce moyen l'autonomie du Canada français.

Espérons, nous Français, que les efforts de notre distingué compatriote seront couronnés de succès, et, personnellement, nous lui adressons nos sincères félicitations, et tous nos vœux l'accompagnent dans sa louable et légitime entreprise.

Apôtre infatigable et zélé du dogme de l'indépendance, esclave de la grande idée, M. Mercier va prêcher dans les agglomérations canadiennes établies aux États-Unis, et répand, en plein sol britannique, ses généreuses idées, même dans la presse et les réunions publiques. Dans ces conditions, il est facile de comprendre avec quelle passion haineuse les Anglais s'efforcent de tirer parti contre lui et saisissent les incidents les plus insignifiants.

C'est ce qui s'est passé pour le fameux attentat à la dynamite de Montréal dont on a parlé dans le monde entier. C'est absolument grotesque. Les personnes accusées d'avoir voulu faire sauter cette fameuse statue de l'amiral Nelson sont tout simplement trois jeunes gens récemment échappés des bancs du collège, MM. Henri Mercier, de Martigny et Pelland. Les naïfs potaches avaient eu l'idée carnavalesque de prendre pour confident, M. Hughes, le fils de la police montréalaise, qui, bien entendu, s'empressa d'aller dénoncer ses amis. L'instruction a démontré qu'il n'y avait eu, de la part de ces jeunes gens, aucune idée pareille, et que ce n'était tout simplement que pour faire une farce au jeune Hughes, car tout se bornait à une simple fumisterie. Grande a dû être la satisfaction de M. Hughes père, ce chef de la police, en constatant chez son fils des aptitudes aussi brillantes au métier d'agent provocateur. Toute autre personne que ce jeune émule de Vidocq, apprenant que ses amis d'enfance préparaient une grotesque incartade, les aurait sans doute dissuadés de se rendre ridicules et aurait loyalement averti leurs familles.

Le fils Hughes, ce précoce policier, inaccessible à une vulgaire sentimentalité, a préféré agir autrement en sucrifiant impitoyablement ses amis. Il n'en est que plus coupable, il a sans doute voulu poser sa candidature éventuelle à la succession paternelle. Vis-à-vis des Anglais il a bien réussi, car ce sera pour eux un futur fidèle serviteur.

Vis-à-vis des gens honnêtes il n'a su inspirer que le mépris pour sa conduite inqualifiable à l'égard de ses amis, étant donné qu'il a jonglé avec sa parole d'honneur. La vérité est que les trois jeunes étourneaux avaient simplement eu l'idée de jeter un pétard pour porter l'affolement dans l'âme des vieilles demoiselles anglaises qui affectionnent tout particulièrement les habitations du square Jacques-Cartier. Quelle joie n'eussent pas éprouvé ces imberbes mystificateurs, s'ils avaient pu faire surgir pendant quelques jours le spectre terrifiant d'un anarchiste au fond des innombrables tasses de thé quotidiennement absorbées par les ladies de Montréal. Cette affaire, dont on a tant parlé, n'a donc été qu'un enfantillage sans conséquence de jeune genss inconscients.

Si jamais la dynamite faisait parler d'elle au Canada, le parti français n'y serait pour rien, car nos compatriotes de l'ancienne terre française combattent à visages découverts et les lâches attentats leur font horreur. La cause qu'ils défendent est sainte et pure ; ils ne voudraient pas la souiller par d'horribles forfaits.

Quelle que puisse être l'infamie des moyens employés pour perdre l'ancien et honorable ministre du Canada français dans l'estime publique, M. Mercier restera toujours sur la brèche et sera l'homme de l'avenir, le patriote dont le dévouement est connu, et peut-être un jour rendra-t-il à la province de Québec son ancienne dénomination de Nouvelle-France : tel sera toujours notre espoir.

Nous avons tenu à bien faire ressortir la situation faite aux Canadiens Français, car ce beau pays est inconnu par la plupart d'entre vous, chers lecteurs, et nous avons pensé vous intéresser en vous parlant de cette ancienne colonie française, où nos compatriotes y subissent de la part des Anglais la même inquisition que nos frères d'Alsace-Lorraine subissent de celle des Allemands.

De Québec nous revenons par le chemin de fer à Montréal, que nons quittons le lendemain pour rentrer dans les États-Unis et nous diriger sur Boston en passant par Charleston.

Boston

Douze heures de chemin de fer séparent Montréal de Boston, qui est une des principales ville des États-Unis. Cette ville est renommée pour les beaux types de jeunes filles que l'on y rencontre dans la société élégante ; aussi ces jolies Bostoniennes sont-elles les rivales des miss New-Yorkaises.

Boston, construit sur les bords de l'Océan, est sillonné en tous sens par des tramways électriques. Cette grande ville de 600.000 habitants possède de beaux monuments intéressants à visiter, le Parlement en face le jardin public, le monument de l'Indépendance des États-Unis ; la statue du colonel William Prescott, qui commandait les troupes américaines à la première bataille qui fut livrée contre les Anglais. Par une faveur spéciale nous sommes admis à visiter la grande usine modèle qui produit l'électricité pour les tramways. Nous n'avons rien en France qui puisse être comparé à cette grandiose installation dotée de machines puissantes et du dernier perfectionnement.

Le terminus des tramways est à City-Point situé sur les bords de l'Océan ; un peu plus loin est le port commercial.

Les Bostoniens sont orgueilleux de leur ville et aiment à la faire visiter. Au Musée, nous remarquons dans une vitrine une paire de bottes portées par Napoléon Ier à Sainte-Hélène, une rare collection japonaise.

Boston possède 607 écoles, qui se décomposent comme suit : 36 kindergarten, qui servent à 1.960 enfants ; 480 écoles primaires, qui comptent 25.000 élèves ; 55 écoles de grammaire, qui ont plus de 30.000 élèves ; 10 écoles de latin, qui reçoivent 340 écoliers ;

24 écoles spéciales, avec 5.500 élèves; 1 école normale, destinée à la formation du personnel enseignant qui se compose de 1.615 maîtres et maîtresses.

Le budget scolaire de la ville est de 10 millions de francs. Les enfants qui y reçoivent l'instruction sont au nombre de 15.160, dont 5.368 sont instruits gratuitement, et la ville ne se tient pas satisfaite de cet étonnant résultat. Elle a encore, en 1892, construit, aménagé, équipé et ouvert à ses propres frais 1 nouvelle école de latin, 4 écoles de grammaire, 7 écoles primaires, acheté du terrain pour en construire trois autres et dépensé, outre le budget ordinaire, une autre somme de 10 millions, pour l'amélioration intellectuelle de ses enfants. En ce moment encore, de nouvelles écoles se construisent, cela donne l'idée de l'esprit dont ces infatigables propagateurs d'instruction sont animés.

La vitalité du sentiment civique est profonde aux États-Unis. Cette prodigalité de millions n'a pas d'autres principes; elle traduit la conviction que possèdent tous les citoyens de développer chez tous leurs enfants les dons qu'ils ont reçus en naissant.

Le gouvernement qui siège à Washington n'a rien à voir dans ces dépenses : ce sont de généreux donateurs qui ajoutent sans cesse aux contributions publiques. Cette ville elle-même, cette cité que l'adolescent voit de ses yeux, qu'il peut se figurer comme un être auquel il tient par des liens de chair et de sang, fait naître chez lui un sentiment de reconnaissance. Par la suite, ces bienfaits incomparables de l'éducation ne sont pas, pour cet adolescent, un don anonyme, et, contrairement à ce qui existe en France, il ne se sent redevable à personne. Les études qu'il entreprend ne sont pas dirigées par un conseil supérieur et lointain, composé de fonctionnaires qu'il ne verra jamais. Il voit, il connaît, non seulement les administrateurs de ce système merveilleux d'instruction municipale, mais encore les généreux donateurs qui, aux contributions publiques, ajoutent sans cesse des legs. Toutes ces influences directes développent, exaltent en lui ce même sentiment civique qui pousse ses aînés à l'appuyer, à l'aider dans sa culture intellectuelle, de sorte que une fois devenu grand et riche, son constant souci sera d'appuyer, d'aider à son tour ses cadets pauvres ; il voudra rendre ce qu'il a reçu.

Dans toute cette œuvre des écoles, il est curieux de constater à quel degré la citoyenne rivalise d'initiative et de générosité avec le citoyen. Dans plusieurs écoles, garçons et filles sont assis sur les mêmes bancs et prennent part aux mêmes travaux. Les inspecteurs prétendent retirer de bons effets de cette assimilation.

En 1884, Mme Quincy-Shaw, de Boston, soumit à sa ville le projet d'ouvrir dans les écoles plusieurs ateliers d'éducation manuelle. Dans sa pensée, il s'agiait de fonder des cours de cuisine, de tenue de maison et de lingerie pour les jeunes filles, ainsi que nous en avons déjà parlé. Ces fondations philanthropiques servent aussi à combattre un des grands périls de la nation, la disparité excessive entre le riche et le pauvre. Cette disparité résulte souvent du mépris que beaucoup de personnes aisées éprouvent pour celles qui travaillent de leurs mains. Cette fausse conception n'aura même pas le loisir de naître si l'enfant est élevé à travailler avec des outils sous la direction d'un maître ou d'une maîtresse, en costume d'ouvrier ou d'ouvrière qui, eux aussi, indistinctement, riches ou pauvres, manient ces mêmes outils.

A Wellesley, au bord du petit lac Waban, près de Boston, a été construit le collège de femmes. Cette fondation, comme tant d'autres, provient encore d'un legs. Voici à quoi le collège de Wellesley doit sa naissance :

En 1863 vivait à Boston un homme de loi très distingué dans sa profession, M. Henry Fowle Durant. Cet homme de bien perdit son fils unique. L'épreuve pour lui fut terrible ; il essaya d'oublier son chagrin en s'abritant dans les idées religieuses; il devint le plus passionné des chrétiens évangélistes et se demandait ce qu'il pourrait faire de sa fortune, Il se décida à fonder une université de femmes. Dans des réunions publiques, il annonça que son collège avait pour but de former des savantes, des épouses et des mères chrétiennes. Il fit construire ce collège en 1871. La somme qu'il donna est de 4 millions de francs, qui fut, par suite de legs donnés par d'autres personnes charitables, élevée à celle de 8.511.580 francs. Depuis plus de vingt années, ce collège fonctionne et prospère.

Cet établissement que nous avons visité est des plus intéressants. L'on y façonne les intelligences des jeunes filles dont la solidité égale celle des jeunes gens de Harvard ou de Yale. Elles sont dressées à toutes les habitudes de confortable propres à la classe aisée de leur pays. Elles vivent comme les étudiants de Harvard, à deux généralement. Elles ont deux chambres à coucher et un salon commun qui ne diffère en rien du salon habituel de toute Américaine un peu raffinée. Des photographies, des fleurs, des meubles de bois clair, des canapés imprimés d'arabesques pâles parent d'élégance ces coquettes cellules dont les habitantes n'ont rien de monacal.

Elles se prient sans cesse les unes les autres de prendre le thé. Tous les samedis soir, elles invitent à un bal leurs amis, les jeunes gens de Cambridge et de Boston. Elles vont et elles viennent dans l'établissement comme si elles habitaient chez leurs parents, sans jamais rendre compte de leur conduite. Nous en avons vu en train de ramer sur le lac, d'autres qui montaient à cheval, et plusieurs qui avaient pris le train toutes seules pour aller à Boston. Aucune surveillance ne les accompagne pendant leur absence, aucun interrogatoire ne les accueille à leur retour, puisqu'elles doivent, une fois rentrées dans la vie privée, être des individus capables de se suffire et de se défendre. Il faut qu'elles le soient dans l'éducation. La plus équitable des lois, celle qui punit le séducteur, à l'égard du faussaire ou du voleur, les défendrait assez, quand bien même.

Allons, moralistes et jurisconsultes français, il y a du bon à prendre dans cette loi. Vous protégerez la société qui tous les jours se vicie en présence des nombreux abus qui ne sont pas réprimés, et encore moins punis. Faites une loi sévère contre la prostitution et la recherche de la paternité. Il est temps de balayer les écuries d'Augias et de purger Paris qui s'atrophie tous les jours au contact des 60.000 femmes qui se livrent.

Ce code draconien appliqué avec tant de sévérité et sans merci dans les États-Unis nous paraîtrait en France excessif. Là-bas, pas du tout; il est logique et protège la femme en la garantissant. La valeur des lois se juge à leur application, et les pays où celle-là fonctionne sont certainement ceux où la personnalité féminine se développe avec le plus d'énergie et le plus de bonheur. Il est certain qu'il y a sur ce point un véritable progrès accompli sur les pays comme le nôtre, où le rapport des sexes entre eux sont encore si odieusement inégaux; car, entre la femme séduite et le séducteur, c'est la femme qui est déshonorée, étant donné que la recherche de la paternité reste encore interdite de nos jours.

Une révolution sur ce point serait aussi féconde, aussi intelligente, aussi saine, et surtout aussi morale que les révolutions politiques ou sociales sont vaines, imbéciles et criminelles. Au moins ce serait œuvre d'utilité que cette révolution des mœurs.

Dans le collège de Wellesley, l'examen d'admission

comporte des connaissances approfondies sur la littérature, l'histoire, la géographie, les mathématiques, le latin, le grec, et, en langues vivantes, le français et l'allemand. Pour l'admission, il n'y a pas de limite d'âge ; car on nous a cité l'exemple d'une étudiante de soixante ans, déjà grand'mère, qui vint se présenter et fut reçue.

Le prix de la pension est de 1.820 francs. Il arrive même souvent que des jeunes filles, toutes préparées pour l'examen, se font caissières, secrétaires d'hôtel, vendeuses ou copistes pour gagner de quoi parfaire la somme qui leur est nécessaire.

A Boston, comme dans les grandes villes des États-Unis, les tramways marchent jour et nuit.

En traversant la rivière Saint-Charles, après deux milles de parcours, nous arrivons dans un faubourg rempli de maisons en bois avec des balcons, où l'éternel Rocking-Car attend le repos énervé de l'Américain. Ce quartier est rempli de jeunes étudiants qui viennent s'y distraire.

C'est à Boston, paraît-il, que l'exigence des domestiques femelles est la plus grande, car les idées démocratiques de ce pays entraînent des conséquences. Une dame arrête une bonne, celle-ci exige par contrat qu'elle aura une fois par semaine le salon de ses maîtres à sa disposition pour y recevoir ses invités.

San-Francisco.

Pour arriver à San-Francisco, qui est à 1.300 lieues de New-York, on traverse dans le Colorado les montagnes rocheuses de Yesllostone-Park, où l'on voit encore ces immenses forêts vierges qui possèdent des arbres de dimensions vraiment extraordinaires, dont deux avaient été amenés à l'Exposition de Chicago. On traverse aussi le Lac Salé, qui est à 1.300 mètres au-dessus du niveau de l'Océan Pacifique. C'est dans ses parages qu'habitent les Mormons.

San-Francisco, capitale de la Californie, la reine de l'Océan Pacifique, fut colonisée en 1769 par les Espagnols. Située sur le Pacifique, dans la baie de San-Francisco, elle est le port le plus important de l'Océan Pacifique. Sur les dunes voisines de la mer, s'étend un merveilleux ensemble de promenades d'où l'on contemple l'entrée de la Porte-d'Or et qui se termine par le panorama de Ceiff-House, ou maison-falaise. Les rues sont en général larges, belles et régulièrement tracées. Par malheur, il n'a pas été tenu compte dans la construction de la ville du versant escarpé sur lequel sont perchés certains quartiers, de sorte qu'on y rencontre des rues qui grimpent tellement à pic qu'elles sont à peine viables.

La ville marchande est groupée au bas des hauteurs. Les moyens de transport y sont admirablement combinés; omnibus et tramways courent en tous sens, tandis que la baie est sillonnée, comme à New-York, de ferry-boats. Des services réguliers de bateaux existent pour la Chine, le Japon, le Mexique. Il s'y fait un commerce très important de métaux précieux, farine, laine, vins, aux environs des mines d'or exploitées par les richissimes Américains.

Les eaux potables ont été amenées des montagnes environnantes, parfois à des distances considérables, et avec des dépenses telles que l'on a pu dire avec raison que l'eau y coûte plus cher que le pain. Au point de vue des édifices, tout le luxe semble s'être renfermé dans les habitations particulières, mais surtout dans les hôtels qui y sont très confortablement installés, étant donné qu'ils reçoivent, non seulement les voyageurs de passage, mais aussi des Californiens eux-mêmes, qui sont plus sensibles aux douceurs de la savante cuisine qu'aux charmes du pot-au-feu domestique, et qui, pour cette raison même, préfèrent vivre dans ces hôtels luxueux que d'avoir à eux des maisons particulières.

Partout les magasins sont abondamment fournis de fruits de toute espèce. Des boutiques qui regorgent de bibelots attirent l'attention du touriste ; les vendeurs circulent sur des estrades placées derrière leurs marchandises, et de là ils crient, vodifèrent et gesticulent de la façon la plus comique. Ce n'est plus le commerce en boutique, c'est une vraie foire, munie de ces aboyeurs chargé d'arrêter les passants pour attirer leurs regards sur les marchandises exposées.

Nous visitons plusieurs hôtels, entre autres le Palace-Hotel qui, avec ses immenses couloirs aérés, ses chambres confortablement meublées, avec salles de bains et water-closets, ses nombreux salons parfaitement décorés et dotés de meubles de bon goût, font de cet hôtel un des plus beaux et des plus vastes que nous ayons vu dans les États-Unis. C'est du reste d'après les plans du Palace-Hotel que le Continental de Paris a été construit.

Ce qui donne à la ville un aspect tout particulier, c'est le grand nombre de Chinois qui viennent y résider. On en compte plus de 40 000 (il y a 50.000 Français). On les rencontre dans les rues, marchant deux par deux, leurs longues tresses de cheveux roulées autour de la tête; comme toujours, ils se livrent principalement au blanchiment et au repassage du linge, métier pour lequel ils excellent.

Les cultes sont séparés de l'État. Une place dans la cathédrale, qui donne droit à assister aux offices, se paie vingt dollars par an. Cette basilique se fait ainsi un revenu annuel de 150.000 francs par an.

Autrefois, San-Francisco était une ville d'aventuriers et de bandits. Aujourd'hui la sécurité y est aussi grande qu'ailleurs. La ville se développe de jour en jour, des affaires importantes s'y traitent, et l'on s'y trouve en présence d'un peuple singulièrement vigoureux, valide, exubérant d'activité. L'avenir agricole qui s'ouvre devant lui est indéfini. Car tous ces hommes sont laborieux, industrieux et surtout âpres au gain.

C'est dans les environs de San-Francisco que l'on a installé un arbre gigantesque amené des forêts vierges de Yesllostone-Park, dans l'intérieur duquel se trouve un restaurant avec salle de billard.

L'entrée de la baie, la « Porte-d'Or », est grandiose. Le bleu dur de la mer, le rouge foncé des rochers, le violet des montagnes forment par leur contraste le plus bel effet de couleurs que l'on puisse imaginer. La lumière y est plus vive et plus intense que dans la baie de New-York. C'est la grâce de Cannes, la grandeur de Biarritz, le charme de la Méditerranée et la majesté de l'Océan. On est en présence de la plus vaste mer du globe, et devant cette immensité on éprouve le sentiment de la grandeur du monde.

La vue de l'Océan Pacifique est réellement imposante !

Vu à distance, San-Francisco est très pittoresque, La ville s'élève en hauteur sur plusieurs collines et se trouve ainsi située sur une sorte de cap sablonneux.

La Californie est bien la plus belle contrée des États-Unis que l'on puisse visiter ; tout y est devenu riche et prospère. Les mines d'or, si réputées, et qui sont la richesse de cette région produisent plus de 120 millions d'or par années. Des raffineries de sucre, des ateliers de constructions navales ont été montés et y prospèrent.

On récolte annuellement 600 millions de boisseaux de maïs et 1.800 millions de boisseaux de blé, et, comme le boisseau pèse 30 kilos, c'est donc un poids incalculable de céréales qui se récoltent dans cette région. L'élevage des moutons en produit 4 millions par an, et celui des bœufs 1 million.

C'est en Californie qu'ont été installées les réserves des Indiens qui, lors de la guerre de Sécession, se trouvaient au nombre de 2 millions et qui ne sont plus maintenant que 150.000. Leur territoire est situé entre le Kansas et le Texas. La tribu la plus nombreuse est celle des Cherokees, qui compte 78.503 Indiens.

On estime, dans tous les États-Unis, la population des nègres à 10 millions. Cette race augmente tous les jours.

Le nombre des prêtres, et ils s'habillent en civils, est de 9.000, et celui des catholiques dépasse 10 millions.

Les États-Unis, que nous quitterons bientôt, nous ont, dans bien des circonstances et bien souvent dans nos pérégrinations à travers l'Amérique du Nord, rappelé la place qu'y ont tenu autrefois l'influence et le nom de la France. Ces pays si fertiles et si riches de l'Amérique du Nord ont été, pour la plupart, découverts et créés par des explorateurs français, comme de Lassalle et le Père Marquette, qui ont découvert les principaux fleuves, fondé les premières stations destinées à devenir les avant-postes de la civilisation.

Les noms de Saint-Louis, Sainte-Croix, Sainte-Geneviève, Saint-Denis, Nouvelle-Orléans, Saint-Charles, Saint-Laurent, Montmorency, Versailles, Paris, La Fayette, sont autant de noms de villes ou de fleuves que l'on trouve sur la carte, qui rappellent ces glorieux et ineffaçables souvenirs. Partout enfin on retrouve l'œuvre de la France qui, la première, y a porté la civilisation.

Newport

Nous voilà arrivés dans cet Éden enchanteur, le Trouville des États-Unis.

C'est la vie américaine, raffinée, brillante et luxurieuse qui y règne. Newport, jolie petite plage avec ses belles avenues sillonnées de voitures, de cavaliers accompagnant les amazones.

On y voit un nombre important de villas entourées de fleurs, avec leurs serres remplies de plantes rares et de grandes pelouses.

Cependant, la plage n'a rien de remarquable. Jeunes gens et jeunes filles s'y livrent au jeu du law-tennis.

Tout forme un ensemble de vie et d'animation. C'est un des endroits les plus élégants du monde avec ses cottages ravissants ; c'est aussi le rendez-vous des milliardaires qui 'y ont leurs propriétés. On y voit le château de Van der Bitt construit d'après le modèle de notre petit Trianon de Versailles. Cette élégante construction lui a coûté 2.500.000 francs.

Comme à Saint-Louis, nous avons assisté au jeu du Foot-ball. Ce sont les mêmes scènes, les mêmes enthousiasmes, le même fanatisme. Quel singulier sport, auquel prennent part tous les jeunes gens du monde. Dans tous les coins de l'Amérique, ils se livrent à ce genre d'exercice ; cela trempe la race, disent-ils.

Les femmes, devant des coups qui envoyaient rouler sur la terre cinq ou six beaux gars bien musclés, s'écriaient : « Beauty ».

Les Américains ont la passion du Foot-ball ; rien ne peut les en guérir, pas plus que de celle de la boxe.

Quand, il a quelques années, Corbett et Mitchell luttèrent à Jacksonville, il fallut chauffer des trains spéciaux pour transporter les partisans de l'un et l'autre boxeur dans la cité de la Floride. Pas un journal où les conditions d'entraînement des deux rivaux ne fussent mentionnées heure par heure. C'est du délire. Même l'élection d'un Président ne secoue pas davantage le public. Le combat ne cesse que devant l'impuissance d'un des boxeurs à le soutenir. Dans la salle du gymnase, une plate-forme est dressée à hauteur d'homme; tout autour des milliers de spectateurs attendent; enfin un murmure de satisfaction s'élève. Les deux premiers boxeurs arrivent avec leurs entraîneurs; leurs torses apparaissent nus, maigres et bossués par des paquets de muscles. On leur met des gants à tous les deux, et la passe commence. Les coups s'animent avec le jeu; les corps se plient pour les éviter; les deux hommes sont en fureur, et l'on entend le bruit mat des poings qui rebondissent sur la chair nue.

Après quelques coups fortement assénés, le sang coule; il jaillit des yeux, du nez, des bras, barbouille les joues, la bouche, et tache les poings de sa rouge liqueur. C'est à ce moment que le public pousse des hourrahs pour exprimer sa joie et sa jubilation interrompus par le bruit du gong. C'est la halte.

Entre deux passes, les boxeurs s'abandonnent avec une impassibilité singulière au soin des entraîneurs qui les bouchonnent, les lavent, les peignent et les frottent comme des bêtes; on dirait des maquignons pansant leurs chevaux.

Un autre appel du gong! et la passe recommence avec une série d'étonnantes attaques et de ripostes, cela jusqu'à 8 et même 11 passes, c'est-à-dire jusqu'au moment où l'un des adversaires tombe à terre, épuisé, meurtri et tout ensanglanté.

Les filles font aussi la boxe dans les mêmes conditions, et, pendant cette exhibition sauvage et sanguinaire, pas un spectateur ne songe à quitter sa place. Nous avons assisté en Espagne à des courses de taureaux, mais nous y avons trouvé moins de barbarie qu'à ces séances de boxe.

Il faut vraiment être Américain pour s'enthousiasmer à ce genre féroce de sport qui souvent devient meurtrier. Nous consacrons toute une après-midi à parcourir les environs de Newport où les habitations somptueuses pullulent. Ce sont de vastes et importantes constructions en forme de châteaux du moyen âge, des manoirs anglais, des séduisants cottages, mais trop rapprochés les uns des autres.

Les mail-coachs attelés à de superbes trotteurs parcourent les environs. Newport, où débarqua le marquis de Rochambeau lorsqu'il vint retrouver La Fayette, est bien le rendez-vous de la richesse et de l'élégance. Il y a dans cette ville mondaine rivalité entre les jeunes filles de New-York et celles de Boston ; ces dernières reprochent aux New-Yorkaises d'être frivoles, et celles-ci trouvent les Bostoniennes pédantes. Nous en avons vu des unes et des autres, et des pudiques qui se baignaient avec leurs bas de soie noire et leurs costumes si gracieux ; elles étaient charmantes, et, si nous avions à nous prononcer, nous serions très embarrassés, car toutes ces jeunes miss que nous avons vues étaient des plus séduisantes.

C'est à Newport que l'on a expérimenté avec succès le nouveau système de tranways funéraires électriques. Pour bizarre que paraisse l'idée, elle a été accueillie avec faveur en Amérique. Le tramway funéraire se compose de plusieurs cars mus électriquement, circulant sur une voie spéciale qui traverse toute la ville pour aller au cimetière situé à cinq kilomètres.

Dans la première voiture se trouve une table où l'on pose le cercueil; il y une place pour le pasteur. Dans les autres cars prennent place les parents et les amis du défunt. Ces voitures sont peintes en noir avec de grandes larmes d'argent, et le voyage du domicile au cimetière coûte 0 fr. 50 par personne; seul, le mort est transporté gratis.

Ce qui souvent nous a étonnés quand nous rencontrions dans les rues des convois funéraires, c'est de voir tous ces Américains affairés qui passaient devant ne jamais se découvrir. Cependant le respect pour les morts est une des conditions de tout peuple civilisé.

Il nous fallait quitter cet endroit ravissant, car c'était jeudi, et le samedi matin *La Champagne* devait partir de New-York et faire route pour Le Havre. Le soir, nous nous embarquions à Newport à bord d'un de ces grands steamers si bien aménagés qui font le service jusqu'à New-York.

Ces immenses bateaux sont de véritables maisons flottantes. Le rez-de-chaussée est occupé par le restaurant qui est desservi par un nombreux personnel nègre; au premier étage, un vaste salon très élevé entouré par deux étages de cabines; à l'arrière et à l'avant du bateau de grands promenoirs où se tient un orchestre qui jusqu'à dix heures du soir fait entendre ses sons mélodieux après une bonne traversée. Nous arrivons sur la rivière de l'Est en vue de New-York.

De ce côté de Long-Island, l'arrivée dans la baie est aussi grandiose que mouvementée.

Nous passons sous le pont de Brookline et nous entrons dans le port. Quelle prodigieuse activité y produisent ces nombreux ferry-boats chargés traversant en tous sens. Les énormes bateaux de New-Jersey surplombent l'eau verte de leurs étages ; ils vont battant cette eau pesante de leurs roues de fer, et, sur leur sommet, un gigantesque balancier rythme leur mouvement uniforme. Tous vont se croisant sans jamais se heurter, tant leur marche est précise.

D'innombrables petites chaloupes glissent au travers du bassin avec une agilité étonnante, des remorqueurs qui sortent des navires et dont on entend le sifflet strident qui se répercute sur l'autre rive de New-Jersey. On entend le souffle rude de leurs machines aux larges poumons d'acier, et, dans le milieu de l'Hudson, la statue de la Liberté qui se dresse majestueusement.

Nous débarquons dans le port, et notre voyage à travers les États-Unis se trouve ainsi terminé à la grande satisfaction de notre Tartarin qui voudrait bien revoir le pont d'Avignon. Comme nous, il a admiré la grande Amérique et son peuple rempli d'exubérance ; mais comme nous il aime mieux notre petite France !

Veut-on se donner une idée de l'étendue seule de l'Amérique du Nord. Il suffit de dire que le Texas à lui seul pourrait contenir, la France, l'Allemagne et l'Angleterre.

La distance de New-York à San-Francisco est trois fois celle de Londres à Gibraltar. Seule la région des charbonnages y occupe une superficie équivalente à celle de la France et de l'Angleterre réunies.

Le retour en France

Le vendredi soir à 10 heures, nous nous rendions à bord, le bateau devant partir à 5 heures du matin, tous au complet, nous reprenons nos places sur *La Champagne* sans avoir éprouvé aucun ennui dans notre longue exploration.

La nuit se passe dans un effroyable vacarme. Des cris, des appels retentissent de toutes parts ; l'équipage va et vient ; c'est un tohu-bohu général. Le salon est parfumé par des bouquets qui arrivent de tous côtés. C'est une jeune miss qui quitte sa patrie pour le continent ; des amies passent la nuit avec elle dans le salon, parents et amis sablent le champagne, excellente manière de tuer le temps.

Dans l'entrepont, beaucoup de passagers, des émigrants auxquels la fortune n'a pas souri au nouveau monde qui, désillusionnés du pays des dollars, retournent vers la mère-patrie ; des Syriens, des Égyptiens, dont les espérances ont été déçues et qui préfèrent retourner aux bords du Nil.

Cinq heures ! tout le monde est à son poste ; le dernier coup de sifflet se fait entendre ; l'ancre est levée, et *La Champagne* s'ébranle précédée du remorqueur, et, à travers les steamers et les navires, nous remontons la bouche de l'Hudson jusqu'à la pleine mer et sommes de nouveau livrés à la volonté des flots.

Tous debouts sur le pont, nos regards se tournent vers la grande Cité où, bien avant Christophe Colomb, les Normands vinrent débarquer. Nous disons adieu à ce Nouveau Monde qui, pendant plus de deux mois, a étonné notre esprit, émerveillé nos yeux et charmé notre séjour !

Quelques heures après notre départ, nous saluons un bateau Cunard arrivant d'Europe.

La journée du dimanche se passe sur le pont ; la mer est clémente, le soleil radieux ; chacun de nous se raconte ses impressions sur l'Exposition de Chicago.

Midi ! Le clergyman fait annoncer l'office. Les adeptes du protestantisme se rendent dans le salon, la lecture de la Bible commence et les miss, de leurs voix juvéniles, entonnent les cantiques ; le piano remplace l'orgue.

L'après-midi, des groupes se forment, les conversations s'animent ; à chacun de raconter ses péripéties. Notre joyeux Tartarin et notre farceur de Picard nous racontent leurs prouesses qui ne manquent pas de gaieté. Ah! les gaillards, ils ont fait des études de mœurs... Ces deux inséparables avaient bien occupé leurs loisirs, en voltigeant de la brune à la blonde ! *Shoking* !

Cinq heures et demie, le dîner sonne. Les 72 passagers des premières occupent tous les places désignées; la gaieté règne parmi nous.

La soirée se passe au salon pour les dames. Plusieurs d'entre nous se rendent au bar où l'alchimiste préposé aux cocktaïls manipule quelques-uns de ces corrosifs mélangés dont les Américains se brûlent l'estomac avec délices.

Le lundi, les brouillards fréquents dans ces parages nous annoncent que nous approchons de Terre-Neuve. Les sons aigus de la sirène recommencent à se faire entendre à des intervalles rapprochés. Nous passons sur la gauche à cause des énormes banquises de glace qui sont signalées.

En effet, le mardi matin, nous apercevons, à une distance assez rapprochée, plusieurs banquises de glace (*ices-bergs*) que le capitaine examine de plus près avec sa jumelle. La première a 130 mètres de long et 40 mètres de haut ; la seconde 120 mètres de long et 80 mètres de haut émergeant de l'eau, ce qui représente six fois cette hauteur, étant donnée la surface immergée.

Ces immenses blocs de glace proviennent des débâcles qui se font en juillet au Pôle Nord, dans le Groënland, et mettent jusqu'à dix mois pour arriver dans ces parages de l'Atlantique. Le poids de la résistance de ces banquises est tel qu'un navire, même de l'importance de *La Champagne*, qui la nuit viendrait se heurter contre ces masses énormes et résistantes, serait infailliblement coulé : telles sont les explications que nous fournit l'aimable capitaine Laurent, qui commande *La Champagne*.

Le spectacle de ces banquises aux formes fantastiques est grandiose et imposant. La glace est d'une éclatante blancheur et, avec les rayons du soleil qui dardent dessus, paraît argentée. A la base, elle est d'un bleu azuré, creusée par les vagues qui déferlent tout autour. Nous ne nous fatiguons pas de contempler ce spectacle de la nature qui fait de si belles choses.

Le lévrier de la mer continue son voyage à travers les flots de l'Océan. Nous passons Terre-Neuve, et pendant plusieurs jours, c'est la monotonie de la mer. Le ciel du mois de juillet pèse sur l'Atlantique avec des nuages d'automne. La houle enfle et se boursoufle, les lames montent, s'escaladent, s'écrasent les unes sur les autres; elles sont des milliers, ainsi soulevées, déchaînées. Le bateau, lui, est si puissant qu'il déchire cette formidable palpitation de la mer, sans rouler et sans tanguer.

Et toute une semaine, autour de nous, il n'y aura plus que l'abîme insondable des vagues, et là-bas, tout au loin, la France !

Le troisième jour, la traversée devient très gaie. Des Français et des Françaises revenant avec nous de Chicago organisent des fêtes pleines d'entrain, à la grande satisfaction des Américains qui nous accompagnent.

Tout d'abord, c'est une représentation donnée par une famille mauresque. Un des nôtres, habillé en almée, exécute la danse du ventre. Il nous rappelle ainsi la rue du Caire de 1889 ou l'éléphant du Moulin-Rouge, où cette danse s'exécute avec certains raffinements. Notre compatriote, avec ses exercices chorégraphiques, est très applaudi.

Le mercredi, on organise les *Noces de Jeannette*, précédées du *Ménétrier avec sa flûte*. M. V..., qui remplit les fonctions de maire, a, au moyen d'un petit drapeau tricolore, ceint son écharpe ; puis viennent les gens de la noce. La mariée, pour la circonstance, est une demoiselle française, aussi jolie que gracieuse, qui prend son rôle au sérieux. Deux belles miss, aux cheveux dorés, ont accepté d'être les demoiselles d'honneur. Le commissaire du bord, aimable gentilhomme, Oscar C..., remplit par intérim avec dignité les fonctions d'officier civil et lit aux jeunes époux les devoirs conjugaux, en leur posant les questions d'usage, et enfin Mossieu le Maire prononce un discours de circonstance.

Le cortège, suivi des passagers qui s'étaient assemblés, et musique en tête, fait le tour du pont et descend ensuite dans la salle à manger où un lunch avait été servi.

Mais comme en Amérique tout doit se faire à la vapeur, aussitôt le repas terminé, et au milieu de la plus grande hilarité, à la requête de la mariée, et les formalités accomplies, le divorce est prononcé. Tout comme M. Chéron, de Chicago, qui, marié le matin, était divorcé le soir.

Ah ! M. Naquet ne se doutait pas, en nous dotant de cette loi bizarre, que l'on arriverait avec tant de facilité à rompre les liens conjugaux qui, pendant tant d'années, étaient restés indissolubles.

La conception de nos aimables organisateurs étant inépuisable, dès le lendemain matin, ils s'ingénièrent à organiser un bal travesti. Donner à bord, en plein Océan, une fête de ce genre, c'était de la témérité. Leurs efforts furent couronnés de succès. Chacun se mit en quête de se confectionner un costume aussi bizarre qu'original. Deux passagers de notre caravane avaient acheté l'un à Toronto une superbe peau d'ours blanc, et l'autre au Niagara un costume complet d'Indien.

Toutes les femmes de chambre du bateau furent réquisitionnées d'office pour confectionner pendant les loisirs laissés par le service, avec les mousselines en réserve de la pharmacie, une robe de danseuse, un costume de bergère de Watteau. Ce fut toute la journée un va-et-vient continuel. Heureusement que la belle mer était clémente et nous permettait de vaquer tranquillement à l'organisation de ce bal costumé. Le charpentier lui-même dut fabriquer un fouet destiné à un cocher de fiacre qui devait figurer dans le cortège. Les matelots, avec les étoupes et les débris de filasse, firent des barbes postiches, et les mécaniciens furent occupés à installer pour le soir sur le pont, décoré pour cette circonstance, des lampes électriques. Le piano fut monté, et, le soir à huit heures, tout était prêt pour cette soirée de gala, avec le pont illuminé *à giorno*.

A 9 heures commença l'arrivée des personnages : une danseuse avec sa robe de tulle (on eût dit Mlle Mauri, de l'Opéra, le cocher du « Fiacre 117 » même avec son fouet) M. L..., en bey de Tunis, était très réussi, notre Indien, du Niagara, tatoué, avec ses cheveux hérissés, un des nôtres, avec sa peau d'ours et son air sauvage; des jeunes pudiques de la libre Amérique costumées en Japonaise, Napolitaine, Espagnole, paysanne et bergère. Le tout constituait un ensemble des plus réussis : on se serait cru au bal de l'Opéra.

Quoique divorcé la veille, ce fut le jeune couple qui ouvrit le bal, et jusqu'à minuit, au milieu de la plus grande hilarité, chacun s'en donna à cœur joie.

A minuit et demi, souper, presque le repas de Lucullus, accompagné de chansons grivoises.

Ce fut une journée bien remplie qui laissa à chacun de nous un souvenir inoubliable.

Le vendredi, un concert fut organisé avec une idée toute philanthropique, car il était donné au profit de la Société de secours aux naufragés. M. Lumière, un de nos aimables passagers, doué d'une voix puissante et agréable, nous fit entendre plusieurs morceaux d'Opéra, qui charmèrent nos oreilles, et plusieurs jeunes filles, accompagnées par un excellent pianiste, chantèrent des morceaux d'opérette et récitèrent des poésies.

Le programme avait été dessiné par M. V..., qui excelle dans cet art, et reproduit par la presse qui est à bord. Ils furent vendus aux enchères jusqu'à 25, 40 et 50 francs la pièce. Il s'agissait là d'une œuvre de charité, et, dans ces circonstances, la générosité du cœur français ne calcule jamais avec le porte-monnaie. En plus, une quête fut organisée parmi les soixante-douze passagers des premières qui étaient à bord ; elle atteignit la somme de 2.700 francs qui furent remis au commissaire de *La Champagne*.

Le capitaine Laurent, sensible à la générosité de ses passagers, nous adressa ses remerciements.

La journée du samedi se passa très agréablement sur le pont. Tout le monde fatigué avait à se remettre des émotions de la veille et éprouvait le besoin de se reposer.

Et le soir nous prenions à bord notre dernier dîner, où il est de tradition que le champagne soit offert par le commandant du bateau. De nombreux toasts furent portés au capitaine Laurent, et les cris de « Vive *La Champagne* » retentirent.

Le lendemain matin, à six heures, tous sains et saufs, nous débarquions au Havre, heureux de revoir notre belle France, malgré les merveilles séduisantes du Nouveau Monde.

TABLE DES MATIÈRES

	Pages.
La Traversée.	5
New-York	16
Le Flirt	22
Les Mœurs	28
Ponts, Chemins de fer et Tramways	38
New-York	43
Les Prisons	48
Philadelphie et Pittsburg	50
Baltimore.	55
Washington	61
Richmond	71
Cincinnati	75
Louisville.	75
Grottes de Mammoth	76
Saint-Louis	79
Chicago	82
Les tueries de porcs.	103
Les maisons roulantes	111
La bienfaisance à Chicago.	118
La World's Fair. — Exposition de Chicago. — La foire du Monde.	125

TABLE DES MATIÈRES

	Pages.
Détroit	140
Le Niagara	141
Le lac Ontario, les rapides et le Saint-Laurent	149
Montréal et le Canada	152
Québec	181
Boston	198
San-Francisco	206
Newport	211
Le retour en France	217

Angers, imprimerie Burdin et Cie.

DU MÊME AUTEUR

RÉCITS DE VOYAGES INTÉRESSANTS

SOUS PRESSE

De Saint-Pétersbourg à Constantinople. 1 vol.
A travers l'Égypte, le Nil, la Palestine,
   la Syrie. . . . . 2 vol.
L'Exploitation du Mariage . . . . 1 vol.

ANGERS, IMP. A. BURDIN ET Cie, 4, RUE GARNIER

www.ingramcontent.com/pod-product-compliance
Lightning Source LLC
Chambersburg PA
CBHW060130170426
43198CB00010B/1104